Weiterführend empfehlen wir:

Schnellkurs Aktien
ISBN 978-3-8029-3589-3

Schnellkurs Investmentfonds
ISBN 978-3-8029-3751-4

Aktien: Wann kaufen, wann verkaufen?
ISBN 978-3-8029-3614-2

Steueroasen 2014
ISBN 978-3-8029-3877-1

Profi-Handbuch Investmentfonds
ISBN 978-3-8029-3365-3

Ruiniert statt reich? Kapitalanlagen
ISBN 978-3-8029-3904-4

Weitere Titel unter: www.WALHALLA.de

Wir freuen uns über Ihr Interesse an diesem Buch. Gerne stellen wir Ihnen kostenlos zusätzliche Informationen zu diesem Programmsegment zur Verfügung.

Bitte sprechen Sie uns an:

E-Mail: WALHALLA@WALHALLA.de
http://www.WALHALLA.de

Walhalla Fachverlag · Haus an der Eisernen Brücke · 93042 Regensburg
Telefon (09 41) 56 84-0 · Telefax (09 41) 56 84-111

Georg Hierstetter

Schnellkurs

Daytrading

Gewinnen durch gezieltes Timing
Die Erfolgsgeheimnisse für Einsteiger

8., aktualisierte Auflage

Bibliografische Information der Deutschen Nationalbibliothek
Die Deutsche Nationalbibliothek verzeichnet diese Publikation in der Deutschen
Nationalbibliografie; detaillierte bibliografische Daten sind im Internet über
http://dnb.dnb.de abrufbar.

Zitiervorschlag:
Georg Hierstetter, Schnellkurs Daytrading
Walhalla Fachverlag, Regensburg 2013

Hinweis: Unsere Ratgeber sind stets bemüht, Sie nach bestem Wissen zu informieren.
Die vorliegende Ausgabe beruht auf dem Stand von Oktober 2013.

8., aktualisierte Auflage

Produktion: Walhalla Fachverlag, 93042 Regensburg
Umschlaggestaltung: grubergrafik, Augsburg
Druck und Bindung: Westermann Druck Zwickau GmbH
Printed in Germany
ISBN 978-3-8029-3588-6

SBL-WDZ-1013-142-O

Schnellübersicht

1
2
3
4
5
6
7
8
9
10
11
12
13
14
15

Ihr Aufstieg in die Königsklasse

Wenn Sie folgende Fragen mit Ja beantworten können, so ist dieses Buch für Sie geeignet, Ihnen die derzeit modernste Art des Börsenhandels aufzuzeigen, das Daytrading.

- Sind Sie am Börsengeschehen interessiert?

- Geht Ihr Interesse über den üblichen Rahmen hinaus?

- Sind Sie bereit, einiges an Zeit und Geld zu investieren, um professionell an den Börsen handeln zu können?

- Sehen Sie für sich Möglichkeiten, direkt und auf eigene Verantwortung erfolgreich in den Märkten traden zu können?

- Sind Sie auch bereit, sehr hart dafür zu arbeiten?

- Lieben Sie die Herausforderung und den Nervenkitzel?

Die höchste Technik für seine Handelsentscheidungen zu haben, ist nur eine Seite der Medaille. Um ein wirklich erfolgreicher Trader zu werden, muss auch die zweite Seite, nämlich Ihre Persönlichkeit, diesen hohen Anforderungen entsprechen.

Besonders gefordert werden:

- Disziplin

- Lernbereitschaft

- Entscheidungsstärke

- Nervenstärke

- gute mentale und körperliche Fitness

- richtiges Verständnis für die Interpretation der jeweiligen Marktsituation

Einige Punkte davon können Sie erlernen, andere jedoch müssen in Ihrem Charakter und Ihrer Persönlichkeit bereits vorhanden sein.

Ich nehme an, Sie haben die eingangs gestellten Fragen für sich bejaht. Nun denn, dann lesen Sie bitte weiter und lassen Sie uns einen neuen, spannenden Abschnitt auf Ihrem Lebensweg beginnen.

1 Gewinnen durch gezieltes Timing

Daytrading zielt darauf ab, kurzfristige Marktschwankungen zu erkennen und diese zum eigenen Vorteil auszunutzen. Gerade durch die Volatilität in diesen Märkten und das bewusst eingegangene hohe Risiko kann hier enorm verdient werden.

Ein- oder zweimal im Monat Aktien über Ihre Hausbank zu kaufen, die Sie je nach Qualität über Wochen, Monate oder Jahre behalten, ist sicherlich auch ein empfehlenswerter Weg, doch entspricht dies nach meiner Einschätzung nicht den modernen Möglichkeiten des Börsengeschehens und ist auch nicht Grundlage dieses Buches.

Die durchlebten Bankenkrisen mit dem Zusammenbruch einiger systemrelevanter Global Player zeigt meiner Meinung nach eines sehr deutlich:

Blindes Vertrauen in anonyme Institutionen mit jahrelangem Anlagehorizont ist nicht mehr angeraten.

Seien Sie kritisch gegenüber Anlageempfehlungen aller Art, denn es wird oftmals mehr auf die eigene Provision als auf den Vorteil des Kunden geachtet.

Wichtig: Vertrauen Sie sich selbst, Ihrem Urteilsvermögen, Ihrem Fachwissen sowie Ihrer Lebenserfahrung und versuchen Sie immer, einen „schnellen Zugriff" auf Ihr Kapital zu behalten.

Sollten Sie sich zum Daytrading entschließen, so verspreche ich Ihnen ein aufregenderes Leben und hoffentlich guten Erfolg bei Ihren Trades!

Georg Hierstetter

Chancen und Risiken beim Daytrading

Ein hohes Verlustrisiko steht im Gegensatz zu einer hohen Gewinnerwartung. In keinem anderen Börsensegment kann in extrem kurzer Zeit so viel Geld verdient oder auch verloren werden. Der sehr hohen Gewinnerwartung steht im Extremfall auch ein Totalverlust gegenüber.

Dies liegt an den verwendeten Instrumenten. Bei den Futures und Optionen muss nur ein relativ geringer Einschuss gezahlt werden, um damit ein Vielfaches davon an Geld bewegen zu können. Dabei spricht man dann von der sogenannten Hebelwirkung oder dem Leverage-Effekt. Dieser wirkt naturgemäß in beide Richtungen und macht somit den besonderen Reiz dieses Instrumentes aus.

Daher sollten Sie sich vor dem Einstieg in dieses Börsensegment immer dieser Gefahren bewusst sein. Das Trading mit Futures und Optionen versteht keinen Spaß. Der Markt hat zuletzt immer Recht. Das Traden mit Derivaten ist ein in sich geschlossener Kreislauf, ein sogenanntes Null-Summen-Spiel. Was der eine Marktteilnehmer gewinnt, verliert der andere.

Im Kern treffen diese Ausführungen für alle Aktivitäten an der Börse zu. Die Börse ist nun mal keine Einbahnstraße. Gewinne und Verluste gehören dazu. Jedoch damit richtig umgehen zu können, das ist in der Praxis die Kunst, die zu erlernen ist. Hilfsmittel sind maschinelle Stopporders, die automatisch die Position glattstellen, wenn der Kurs sich in Höhe einer bestimmten Punktzahl in die falsche Richtung bewegt.

Bedenken Sie: Der Markt kennt keine Emotionen!

Betreiben Sie das Daytrading immer nur mit tatsächlichem Risikokapital. Verlieren Sie davon einen Teil, so bleiben Sie dennoch gelassen und psychologisch stabil, da dies Ihre persönliche Situation nicht wesentlich beeinträchtigt.

Sind Sie erfolgreich und auf der Gewinnerstraße, ist es höchst angenehm, innerhalb eines Jahres sein Kapital oftmals verdoppeln oder auch vervielfachen zu können und dabei als selbstständiger Unternehmer zu handeln und nur sich selbst gegenüber verpflichtet zu sein. Bedenken Sie aber auch die Risiken sehr genau!

Abkürzungen

CFD	Contract for Difference
CME	Chicago Mercantile Exchange
DAX	Deutscher Aktienindex
Dow Jones	Bekanntester US-amerikanischer Börsenindex
EUREX	Terminbörse (mit Sitz in Frankfurt)
EURO STOXX	Index der 50 größten Aktienwerte in Europa
EZB	Europäische Zentralbank
FED	US-amerikanische Notenbank
GD	Gleitender Durchschnitt
HSI	Index der Börse Hongkong (Hang Seng Index)
LIFFE	London International Financial Futures Exchange
MACD	Moving Average Convergence Divergence
NASDAQ	US-amerikanische Technologiebörse (in New York)
Nikkei 225	Japanischer Aktienindex
OBV	On Balance-Volume
RSI	Relative-Stärke-Index
S&P 500	Standard & Poor's (US-amerikanischer Index mit 500 Werten)
TBI	Trend-Bestätigungs-Indikator

Testen Sie Ihre Daytrading-Fähigkeiten

2

Selbst-Check:
Ihre Persönlichkeit und Finanzen

2 Bevor Sie Ihre persönliche und berufliche Zukunft im Daytrading und dort speziell im Handel mit dem Future (bzw. mit CFDs und binären Optionen) erkennen, sollten Sie sich über Ihre persönliche und finanzielle Eignung Klarheit und Sicherheit verschaffen.

Bitte legen Sie nicht jede der nachfolgend gestellten Fragen auf die Goldwaage. Jedoch sollten Sie bei der Beantwortung ehrlich zu sich selbst sein, um daraus Anhaltspunkte entnehmen zu können, ob Sie tatsächlich für eine Tätigkeit als Daytrader geeignet sind.

Checkliste: Ihre Eignung für Daytrading			
Frage	Ja	Teil-weise	Nein
Sind Sie generell an wirtschaftlichen und politischen Fragen interessiert?			
Fasziniert Sie das Börsengeschehen und die Entwicklung der Kurse?			
Haben Sie bereits an der Börse aktiv gehandelt?			
Können Sie mindestens einen Zeiteinsatz von zwei bis drei Stunden täglich erbringen?			
Sind Sie bereit, täglich hinzuzulernen und sich laufend selbst weiterzubilden?			
Würden Sie auch Fachseminare und Workshops besuchen, um Ihren Wissensstand laufend zu verbessern?			
Entscheiden Sie schnell und konsequent, auch wenn Sie teilweise falsch liegen?			
Meinen Sie, Verlust-Trades kurzfristig entsprechend verarbeiten zu können?			

noch: Checkliste: Ihre Eignung für Daytrading

Frage	Ja	Teil- weise	Nein
Haben Sie genügend Selbstvertrauen in Ihr Leistungsvermögen?			
Würden Sie auch Ratschläge von erfahrenen Tradern und Fachleuten annehmen?			
Ist Ihr Nervenkostüm gefestigt?			
Können Sie unter Stress gelassen reagieren?			
Halten Sie Ihre gesetzten Pläne und Vorgaben ein?			
Sind Sie der modernen EDV-Technik gegen- über aufgeschlossen?			
Möchten Sie mit Daytrading ganz bewusst Geld verdienen, oder betrachten Sie dies nur als eine intellektuelle Herausforderung?			
Besitzen Sie ein ausreichendes Risikokapital von mindestens 30.000 Euro?			
Konnten Sie einen teilweisen oder gänzlichen Verlust Ihres Risikokapitals ohne große Probleme verschmerzen?			
Können Sie mit Gewinnen und Verlusten umgehen?			
Sind Sie bereit, für den Erfolg auch Risiken einzugehen?			
Sind Sie diszipliniert?			
Würden Sie die Risikobegrenzungen in Form von gesetzten Stopps konsequent beachten?			
Sind Sie davon überzeugt, immer nur im richtigen Verhältnis vom tatsächlichen Einsatz zum Gesamtkapital (maximal 1 %) zu traden?			

2

noch: Checkliste: Ihre Eignung für Daytrading

Frage	Ja	Teil-weise	Nein
Haben Sie Ihre Emotionen im Griff?			
Können Sie in Ihrer Freizeit von beruflichen Problemen abschalten und relaxen?			
Sind Sie in der Lage, diese Tätigkeit strikt vom Familienleben trennen zu können?			

2

Bitte werten Sie Ihre Antworten für sich selbst aus. Dieser kurze Selbst-Check soll Ihnen Erkenntnisse darüber bringen, ob Sie die Grundvoraussetzungen für einen Daytrader mitbringen. Zugleich kann er als Entscheidungsgrundlage dienen, um diesen Schritt mit etwas größerer Sicherheit zu gehen.

Wichtig: Von den 24 gestellten Fragen sollten Sie guten Gewissens mindestens 19 mit „Ja" beantworten können.

Fitness für die Praxis

Falls Sie sich dazu entschließen, intensiver in das Börsengeschehen einzusteigen, so stehen Sie sofort vor mehreren entscheidenden Fragen:

- Wer bietet diese Dienstleistung an?

- Mit welchen Kosten und welchem zeitlichen Aufwand ist dies verbunden?

- Wie gestaltet sich der gesamte praktische Ablauf?

- Sie sollten sich einen für Sie passenden Anbieter suchen und dort nach Möglichkeit einen Gesprächstermin vereinbaren. Dabei können Sie sich einen eigenen Eindruck verschaffen, sich über das Angebot informieren und den weiteren Werdegang besprechen. Diese Art der Dienstleistung bieten in Deutschland nur sehr wenige Firmen an (siehe „Hilfreiche Adressen" am Ende des Buches).

Der normale Ablauf in einem Börsencenter wird nachfolgend skizziert. Möchten Sie einen anderen Weg gehen und diese Phasen von zu Hause aus durchexerzieren, so stellt dies ebenfalls kein Problem dar. Sie agieren entsprechend im übertragenen Sinne (z. B. mithilfe einer Demo-Software).

2

Kennenlernphase

Der Interessent erhält ein Probetraining oder einen sogenannten Schnupperkurs. Beides ist selbstverständlich kostenlos und ohne jegliche Verpflichtung. Dabei werden dem Interessenten die Grundzüge des vollelektronischen Handels beim Daytrading sowie die Instrumente (Futures und Optionen) erklärt und demonstriert. Desgleichen wird versucht, grundlegende Zusammenhänge und Wirkungsweisen aufzuzeigen.

Der Interessent soll dadurch in die Lage versetzt werden, sich selbst eine Meinung darüber zu bilden, ob:

- er für diese Art der Tätigkeit geeignet ist

- sie ihm Spaß macht und eine Herausforderung darstellt

- er Zusammenhänge wirtschaftlicher Art begreift

- er für die Wechselwirkung zwischen Nachricht und Chartbewegung sensibel ist

- er den erforderlichen Zeiteinsatz bringen will

- er über das erforderliche Risikokapital verfügt und die entsprechende Persönlichkeit hierfür ist

- er mit dem PC und der dazu erforderlichen Technik zurechtkommt

Der Interessent muss die Entscheidung darüber treffen, ob ihm die aufgezeigten Grundzüge beim Daytrading gefallen und er bereit ist, weitere Zeit und auch Geld in die Ausbildung zu investieren.

Testphase

Dieser Abschnitt beinhaltet die Bereiche Einarbeitung, Training und Fitness.

2

Entschließt sich der Interessent zu diesem Schritt, so trifft er mit dem Börsen-Center eine entsprechende Vereinbarung über die Anmietung eines Börsenarbeitsplatzes. Der Mietvertrag sollte sowieso nur über einen kurzfristigen Zeitraum laufen.

In dieser Zeit kann der angehende Trader nun im Rahmen seiner Möglichkeiten versuchen, so oft als möglich am Bildschirm zu trainieren, angebotene Schulungen und Seminare zu besuchen, von erfahrenen Tradern und der Centerleitung zu lernen und nach Möglichkeit seine Überlegungen und Entscheidungen zu durchgeführten Trades zu besprechen.

Wichtig: Von Vorteil ist, dass es Simulationsprogramme gibt, die mit Echtzeitdaten und Nachrichten arbeiten, die Wirklichkeit auch in Bezug auf die eingegangenen Trades anzeigen, jedoch nur auf einem fiktiven Konto handeln. Dies bedeutet, es wird kein wirkliches Geld eingesetzt, alle Trades laufen nur virtuell, demnach ohne jegliches Risiko.

Deshalb kann der angehende Trader nach Herzenslust verschiedene Techniken testen, um für sich die beste Strategie zu finden.

Praxis-Tipp:

Auf diese Weise erhält ein Anfänger praktisches Wissen und eine fundierte Markteinschätzung:

- tägliche Gespräche mit erfahrenen Tradern
- Einzelcoaching
- genaue Analyse und Auswertung der eingegangenen Trades
- Aufzeigen von Schwachstellen
- Erkennen von Einstiegs- und Ausstiegssignalen etc.

Mit jedem eingegangenen Trade wird der Erfolg oder Misserfolg am Bildschirm angezeigt. Beim Abschluss der Handelstätigkeit erfolgt ein Tagesausdruck der durchgeführten Trades.

Entscheidungsphase

Nach Beendigung dieser Phase (egal ob zu Hause oder im Center) sollte der Aspirant entscheiden, ob das bisher erlernte Wissen im modernen Tageshandel seinen Erwartungen entspricht und er für sich Perspektiven sieht.

Trifft dies zu, sollte er nun sein eigenes Börsenkonto einrichten und die Börsentermingeschäftsfähigkeit beantragen.

Wichtig: Das zu eröffnende Konto wird auf Ihren Namen eingerichtet. Auf das Konto haben nur Sie selbst Zugriff mittels eines Passwortes, ebenso wie die Brokerbank für die elektronischen Buchungen, resultierend aus Ihren aufgegebenen Orders. Niemand anderer kann und darf mit Ihrem Geld spekulieren.

Handelsphase

Nun ist die letzte und zugleich wichtigste Hürde zu nehmen, nämlich die vom Simulieren eines Trades zu einer echten Order, die jetzt auch in der Wirklichkeit mit einem Gewinn oder Verlust zu tun hat. Mit dem ersten Klick (Aufgabe einer Order) wird aus dem Aspiranten ein echter Trader.

Achtung: Ab diesem Zeitpunkt ist der Trader allein auf sich gestellt, das heißt er muss selbst seine eigenen Entscheidungen treffen. Solange der Trader im Markt ist, kann und darf er nicht beraten werden. Dies allein schon aus haftungsrechtlichen Gründen, da ansonsten der Tippgeber unter Umständen zu Schadensersatzansprüchen herangezogen werden könnte.

Nun trifft der aus der Werbung bekannte Spruch zu: Nur wer mitspielt (im Markt ist), kann gewinnen!

Der Trader muss nun diese letzte psychologische Hürde überspringen, selbst drücken (die Order aufgeben) und dabei seine entsprechenden Ein- und Ausstiegssignale beachten. Erst nach Beendigung seiner Tagestrades sollte eine Analyse erfolgen, die im Wesentlichen folgende Inhalte hat:

2

- Warum wurde genau zu diesem Zeitpunkt gerade diese Position eröffnet?

- Was waren die Kauf- oder Verkaufssignale?

- Aufgrund welcher Einschätzungen wurden die jeweiligen Entscheidungen getroffen?

> **Praxis-Tipp:**
> Diese Tagesanalyse ist äußerst wichtig, da sie die Grundlage für das Erkennen von Fehlern oder Schwachstellen bildet und Ihnen hilft, Ihr Tradingverhalten für die Zukunft zu verbessern.

Notwendige Eigenschaften eines Daytraders

Gefestigte Persönlichkeitsstruktur

Dies ist einer der zentralen Punkte, um langfristig ein erfolgreicher Daytrader zu werden oder zu sein. Sie werden bei dieser Tätigkeit sehr viel über sich selbst und damit über Ihre Charakterzüge erfahren. Es gilt nun, diese von Ihnen erkannten Wesenszüge zu kanalisieren, wo es nötig ist, zu verbessern, und nach Möglichkeit in weitere Bereiche Ihres Lebens positiv einzubringen.

Hierzu zählen vor allem:

- ein gesundes Maß an Risikobereitschaft

- eine positive Grundeinstellung

- Nervenstärke

- Disziplin

- Ausdauer

- Lernbereitschaft

- Fitness, sowohl geistig wie auch körperlich

- Ausgeglichenheit
- mentale Stärke
- der Wille, erfolgreich zu sein

2

Praxis-Tipp:

- Beachten Sie unter allen Umständen, dass Sie nur einen Teil Ihres frei verfügbaren Vermögens oder Einkommens als Risikokapital einsetzen. Ihre private Lebensführung darf dadurch nicht wesentlich eingeschränkt werden.

- Das Daytrading darf nicht in Glücksspielmanier betrieben werden. Es unterscheidet sich davon wesentlich.

- Sie sollten die erforderlichen Grundkenntnisse besitzen oder bereits praktische Erfahrungen in diesem Marktsegment gesammelt haben.

- Sie müssen die von der Börse vorgeschriebene Börsentermingeschäftsfähigkeit besitzen.

- Sie sollten mindestens über ein Risikokapital von 30.000 Euro verfügen, noch besser wären 50.000 Euro. In aller Regel benötigen Sie eine Sicherheitseinlage, auch Margin genannt, in Höhe von 10.000 Euro.

Achtung: Bitte beachten Sie hierzu die Hinweise zum „Mini-Dax" und zu den „Binären Optionen". Hierbei sind wesentlich niedrigere Summen erforderlich (siehe S. 57).

Zielgerichtetes Arbeiten

Alle Arbeiten und Anstrengungen sind nur auf ein einziges Ziel gerichtet, nämlich an der Börse mit den derzeit modernsten Mitteln der Technik und Information „Geld zu verdienen".

Es ist nicht nötig, für die Tätigkeit an der Börse Gründe vorzugeben, etwa:

- seinen Wissensdurst zu befriedigen
- Recht zu haben

2

- nach einer Selbstbestätigung zu suchen
- über dem Markt zu triumphieren
- zu versuchen, sein Ego zu befriedigen
- jemandem damit zu imponieren
- sonstige nicht relevante Gründe zu suchen

Der Daytrader sollte sich einfach dazu bekennen, vor sich und anderen, dass er mit seiner Arbeit an der Börse grundsätzlich monetäre Ziele verfolgt; wie jeder Berufstätige – egal ob angestellt, selbstständig oder freiberuflich – strebt er mit seinem Arbeitseinsatz ebenfalls danach, erfolgreich zu sein und Geld zu verdienen.

Die Tätigkeit an der Börse und somit das Spekulieren auf Gewinne seitens der Börsianer/Aktionäre ist eine volkswirtschaftlich erwünschte Tätigkeit: Sie versorgt die Unternehmen mit neuen, bankenunabhängigen Geldmitteln. Denken Sie beispielsweise an die Wertpapierberater, Analysten, Broker oder Wirtschaftsexperten, die regelmäßig zu aktuellen Börsenentwicklungen Stellung beziehen. Deren Statements und Empfehlungen sind äußerst gefragt, in allen Medien, rund um die Uhr.

Interesse an wirtschaftlichen Zusammenhängen

Der Daytrader hat unbedingt in diesen Bereichen fit zu sein. Er muss die Auswirkungen der verschiedenen politischen und wirtschaftlichen Zusammenhänge auf das Börsengeschehen einschätzen können.

Über den Ticker kommen die aktuellen Nachrichten im Minutentakt. Diese heißt es zu interpretieren und in seine Strategien mit aufzunehmen. Ein großer Teil davon wird für das Minuten- oder Stundengeschäft im Intradayhandel nicht relevant sein. Ein kleiner Teil davon ist jedoch hochinteressant und zeigt auch innerhalb von Sekunden oder Minuten seine Wirkung auf die Börsenkurse.

Dies gilt im Besonderen für wichtige Nachrichten wie:

- Zinsentscheidungen der EZB und der FED
- Arbeitsmarktzahlen

■ Lohnkosten

■ Tarifabschlüsse

■ Baukostenindex

■ Verbraucherpreise

■ wichtige Gesetzesentscheidungen etc.

Der Zeitpunkt dieser Nachrichten kann nicht überraschen, da sich der fachkundige Trader entsprechende Tages- oder Wochenlisten ausdruckt, in denen er sowohl den genauen Zeitpunkt dieser Entscheidungen kennt als auch die im Vorfeld genannten Prognosen.

Achtung: Nach Verkündung dieser Zahlen sieht man ganz eindeutig, dass alle Profis im Markt mit ihrem Zeigefinger an der Computermaus sitzen, um ihre Orders aufzugeben. Je nachdem, in welchem Bereich der Erwartungen die Zahlen liegen, werden sich die Märkte entsprechend stark nach unten oder oben bewegen.

Dann heißt es, mit dabei zu sein, da sich an diesen vereinzelten Tagen eines Monats unter Umständen ein Verdienst erzielen lässt, auf den man ansonsten eine oder zwei Wochen hinarbeiten müsste. Der DAX-Future zum Beispiel bewegt sich hierbei des Öfteren in einer Volatilität von 50–100 Punkten. Aufgabe ist es demnach, einen Großteil davon für sich selbst mitzunehmen.

Jede Möglichkeit der Fortbildung nutzen

Daytrader müssen sich unaufhörlich weiterbilden und damit auch weiterentwickeln. Dies kann auf verschiedene Art und Weise erfolgen:

■ Schulungen und Seminare

■ Lesen von Fachzeitschriften

■ Selbststudium als Autodidakt

Wichtig: Die entscheidende Fortbildung jedoch ist die Tätigkeit am Bildschirm, die Durchführung von Trades und die Analyse dieser Trades nach Beendigung der täglichen Börsensitzung.

2

Dabei müssen die wesentlichsten Erkenntnisse der positiven und negativen Trades analysiert werden:

- Warum war dieser Trade positiv und der nächste nicht?

- Warum habe ich diesen Trend nicht erkannt?

- Warum bin ich in diesen Trend erst zu spät eingestiegen?

- Warum bin ich zu früh ausgestiegen?

- Habe ich Signale übersehen oder nicht richtig gewertet?

- Warum habe ich meine Stopp-Orders nicht gemacht oder nicht richtig gesetzt?

- War meine Tageseinschätzung richtig?

- War meine Taktik für den heutigen Tag fehlerhaft?

- Habe ich meine Verluste limitiert?

- Habe ich meine Gewinne laufen lassen und abgesichert?

- Habe ich meine Stopps zu eng gesetzt und wurde daher zu häufig ausgestoppt?

- Hat mein Money-Management gestimmt (Verhältnis der eingesetzten Kontrakte zum Kapital)?

Diese Liste könnte noch beliebig fortgesetzt werden.

Praxis-Tipp:

Wichtig ist es, seine Entscheidungen jeden Tag zu hinterfragen und eine Auswertung des Tagesgeschehens durchzuführen. Die Börse gibt es auch noch am nächsten Tag. Jeder neue Börsentag bietet die Chance, wieder gute und lohnende Geschäfte tätigen zu können. Aber nur, wenn man weiterhin im Spiel bleiben kann.

2

Gesundes Risikobewusstsein

Sie sollten immer in der Lage sein, Ihre Chancen und Risiken abzuwägen. Dazu gehört, dass Sie immer im richtigen Verhältnis traden, d. h. die Anzahl Ihrer im einzelnen Trade eingesetzten Kontrakte in einem vernünftigen Verhältnis zum gesamten Spielkapital steht.

Achtung: Ein solches Verhältnis sollte so sein, dass der maximale Verlust bei jedem Trade maximal auf 1 Prozent Ihres Tradingkapitals beschränkt bleibt.

Beispiel:

Sie gehen bei 8.250 Punkten mit einem Kontrakt long. Sie setzen demnach auf einen steigenden DAX. Gleichzeitig setzen Sie ein Stopplimit bei 8.244 Punkten. Der maximale Verlust bei diesem Trade kann daher nur 6 Punkte, dies sind 150 Euro, betragen.

Ihr Kapital muss daher als Untergrenze bei 15.000 Euro liegen. Traden Sie beispielsweise den EURO STOXX 50, der nur einen Punktwert von 10 Euro hat (was ich Ihnen bei diesem Kapitaleinsatz empfehle), so können Sie 10 Punkte Spielraum geben (Kap. 10.000 Euro).

Wer sehr sicher traden will, sollte erst bei einem Kapital von 50.000 Euro mit zwei Kontrakten im DAX handeln. Traden Sie jedoch den Mini-Dax, so genügt 1/5 der Summe, da hier der Punktwert lediglich 5 Euro beträgt.

Lernen Sie, Ihre Chancen zu erkennen und diese zu nutzen. Dies bedeutet, mehrmals täglich die Entscheidung zu treffen, in den Markt einzusteigen und je nach Situation entweder längere Zeit dort zu bleiben oder seine Position alsbald glattzustellen, um sie später wieder neu zu eröffnen.

Einem negativen Trade dürfen Sie nicht unnötig lange nachtrauern, ansonsten verpassen Sie den nächsten positiven Einstieg, sei es durch Unkonzentriertheit oder zu langes Zögern.

2

Achtung: Der entscheidungsschwache Trader wird sich für diese Art des Geschäftes nicht eignen. Entscheidungskraft, Mut, Risikobereitschaft und das Verdauen von Verlusten sind Bestandteile seiner täglichen Arbeit.

Wer das Kreuzworträtsel nur mit Bleistift ausfüllt oder aus Sicherheitsgründen zum Gürtel noch zusätzlich Hosenträger benötigt, wird nur schwerlich ein erfolgreicher Daytrader werden. Als anderes Extrem werden die Glücksritter und Hasardeure auch in der Überzahl Schiffbruch erleiden.

> **Praxis-Tipp:**
>
> Die kühl rechnende und kalkulierende Persönlichkeit, die innerlich gefestigt von den eigenen Vorzügen und Fähigkeiten überzeugt ist und die diese Art der Tätigkeit als das erkennt, was sie ist, nämlich damit langfristig und kontinuierlich Geld zu verdienen, kann die gesetzten Ziele erreichen.

Diese Ziele sind auch lohnend. Sie verbinden weitgehend viele Vorzüge, die erstrebenswert sind, und verkörpern zudem die persönliche Freiheit des Einzelnen. Der Trader lässt sich wie folgt beschreiben:

- Er handelt selbstständig und ist allein auf sich gestellt.

- Er ist Unternehmer und entscheidet autonom.

- Niemand ist ihm gegenüber weisungsbefugt.

- Er hat keinen Ärger mit Vorgesetzten, Angestellten oder Kollegen.

- Für seine Tätigkeit muss er sich gegenüber niemandem rechtfertigen.

- Sein Einkommen bestimmt er ganz allein.

- Er hat kein Problem mit Reklamationen von Kunden.

- Den Erfolg oder Misserfolg seiner Trades sieht er innerhalb von Sekunden auf dem Bildschirm.

- Zahlungsausfälle oder Außenstände kennt er nicht.

- Er kann den Ort seiner Tätigkeit wählen (auch das eigene Zuhause).

- Er kann seine Arbeitszeit und die Intensität seiner Bemühungen selbst bestimmen.

Entscheidungsfreudigkeit

Daytrading lebt von schnellen und überlegt getroffenen Entscheidungen. Der Trader muss für sich eine individuelle Technik und Taktik finden, wie er dieses Geschäft angeht und betreibt.

> **Praxis-Tipp:**
>
> - Wenn seine Einstiegssignale kommen, muss der Trader handeln. Zögern kostet Geld. Er muss seine Taktik umsetzen. Unterstützend wirken hier die Handelsprogramme, innerhalb derer er seine Kauf- und Verkaufsorders eingeben kann und die dann systembedingt Entscheidungshilfen auslösen.
>
> - Dies ist teilweise auch gut so, denn die Maschine kennt keine Gemütsschwankungen und Gefühlsregungen, kein Zuwarten oder dergleichen mehr. Es wird bei einem bestimmten Wert eingekauft oder verkauft.

- **Achtung:** Es erscheint wichtig zu wissen und zu verstehen, dass beim Positionstrading allein durch die Art des Handels automatisch eine Risikominimierung erfolgt, da der einzelne Trade selbst wenig Gefahr birgt.

Im obigen Beispiel haben wir gesehen, dass das Verlustrisiko beim Setzen eines Absicherungsstopps von 6 Punkten maximal 150 Euro beträgt. Durch die Anzahl der Trades innerhalb eines bestimmten Zeitraumes, z. B. eines Monats, erfolgt ein weiterer Risikoausgleich allein bereits nach den Gesetzen der Wahrscheinlichkeitsrechnung.

Daytrading – die modernste Art des Börsenhandels

3

Unterschiede zwischen Discountbrokern und Daytrading-Centern

Es geht Ihnen vielleicht so wie den vielen börseninteressierten Spekulanten, die meinen, es würde keine gravierenden Unterschiede im Dienstleistungsangebot geben. Dem ist jedoch keineswegs so.

3

Wichtig: Der Grund für diese Falscheinschätzung mag darin liegen, dass es nur sehr wenige Trading-Center in Deutschland gibt. Diese sind in aller Regel eigenständig, privat strukturiert und keine Tochtergesellschaft einer großen Bank, wie dies alle Discountbroker sind. Genau wie sich auch Rechtsanwälte, Ärzte, Steuerberater oder Sportler in ihrer Leistung unterscheiden, so trifft dies auch hier zu.

Die entsprechenden Angebote bezüglich der Technik und der verwendeten Software mussten sich die Betreiber selbst erstellen, einkaufen, nach den Wünschen und Erfordernissen der Trader zusammenstellen und für besondere Kunden individuelle Lösungen suchen.

Hinzu kommt, dass Trading-Center nicht über die Werbebudgets verfügen, um deutschlandweit entsprechend Reklame für sich zu machen. Daher sind sie in der Hauptsache auf redaktionelle Berichte in den Zeitungen und im Fernsehen angewiesen sowie auf die Empfehlungsschiene und die Mundpropaganda. Auch über kontinuierliche Schulungsmaßnahmen werden neue Interessenten gewonnen.

Aus verständlichen Gründen stehen die Banken dieser privaten Konkurrenz sehr reserviert gegenüber, da ihnen dadurch ein lukratives Kundenklientel verloren gehen könnte.

Der Erfolg der Discountbroker ist und war gewaltig, was ganz eindeutig auch am Zulauf der Kundenzahlen zu ersehen ist. Wie häufig Kunden Orders aufgeben und in welcher Höhe, wird jedoch nur, wenn überhaupt, sehr zögernd mitgeteilt.

Es ist mit den Discount- oder Direktbrokern ein bedeutender Fortschritt in der konservativen Bankenlandschaft, in Bezug auf das Börsentrading, erfolgt.

Als Vorteile ergeben sich daraus:

- günstige Gebühren

- schnelle Ordereingaben

- verschiedene Arten der Ordereingaben über Telefon, Telefax oder Internet (inzwischen die meist genutzte Art)

- Unabhängigkeit von den Schalterstunden

- gute Informationsmöglichkeiten

- weiterer Service rund um das Börsengeschehen

3

Allein daran lässt sich die breit gefächerte Zielgruppe dieses Angebotes ablesen. Viele Anbieter haben bereits einige zigtausend Kunden in ihrem Bestand. Hier musste eine Plattform geschaffen werden, die von der Anwendung her einfach gehalten ist und individuelle Lösungen aufgrund der hohen Kundenanzahl bieten kann.

Hauptsächlich wird der Handel mit Aktien **und** Fonds **aller Art angeboten.** Der Aufwand und das Informationsbedürfnis halten sich für den Kunden hierbei noch im vertretbaren Rahmen. Schulungs- und Betreuungsaufwand, individuelle Gespräche, Einzelcoaching oder eine Analyse der erfolgten Trades kann und wird in aller Regel nicht erfolgen.

Genau auf diesen individuellen Maßnahmen, besonders beim Handel mit Derivaten (Futures und Optionen), bauen der Service und das Angebot der Daytrading-Center auf. Dort ist und kann es kein Massengeschäft sein, dazu ist die Technik und die Materie dieser Art des Handels zu schwierig. Außerdem gilt:

- Auch die Kundenzielgruppe ist anspruchsvoller und erwartet mehr Service.

- Bedenken Sie, dass jeder Trader als Untergrenze eine Margin von 10.000 Euro als Risikokapital zur Verfügung haben muss.

- Es werden den Tradern individuelle Lösungen in Bezug auf die Hardware oder auf besondere Softwarepakete erfüllt.

- Der Kunde steht im Mittelpunkt des Geschehens. Es muss alles geschehen, um ein professionelles Handeln zu ermöglichen.

- Dazu gehört auch die Einarbeitung in die Technik, die laufende Schulung und Betreuung, auf Wunsch Einzelcoaching, die Analyse der bereits erfolgten Trades und vieles mehr.

- Ziel ist es, den Trader völlig selbstständig, also autonom zu machen, damit dieser von zu Hause aus arbeiten kann.

3

Wie Daytrading definiert wird

Das Daytrading beziehungsweise der Daytrader, der es ausübt, zielt auf kurzfristige Marktschwankungen ab, um mit diesen langfristig und kontinuierlich hohe Gewinne zu erzielen. Durch die Volatilität dieser Märkte und durch das von dem Trader bewusst eingegangene höhere Risiko kann in diesen besonderen Märkten in sehr kurzer Zeit enorm verdient werden.

Diese besondere Form des Handels ist die derzeit schnellste Art, um an den Weltbörsen aktiv zu werden. In aller Regel muss eine voll elektronische Direktverbindung zu den Börsen bestehen, an denen gehandelt werden soll. Das Daytrading spielt sich oftmals innerhalb von Sekunden oder Minuten ab.

Im Laufe eines Börsentages werden eine Anzahl von Positionen aufgebaut, die je nach Volatilität des Marktes kurz gehalten und dann wieder glattgestellt werden. Der Trader versucht, auf diese Weise von den kurzfristigen Marktschwankungen zu profitieren und damit seine Gewinne zu erzielen. Die Erfahrung zeigt, dass ein durchschnittlich aktiver Trader im Laufe eines Tages leicht auf zehn bis 15 abgeschlossene Trades – sogenannte Roundturns – kommt. Noch aktivere Trader mit besonderen Taktiken schaffen täglich bis zu 50 Trades.

Aufgrund der schnellen Technik, der Verfügbarkeit aller wichtigen Wirtschaftsnachrichten in Echtzeit und verfeinerter Analysesysteme ist der Trader in der Lage, fundierte Handelsentscheidungen zu treffen. Ein Blindflug ohne oder mit zu wenigen Instrumenten ist daher nicht mehr möglich und wäre auch viel zu gefährlich.

Praxis-Tipp:

Am besten geeignet für das Daytrading ist der Handel mit Futures. Dies bedeutet, dass die Spekulanten in der Hauptsache auf kurzfristige Kursschwankungen von Aktienindizes setzen werden. Die einzelne Aktie ist dafür nicht so gut geeignet.

Kontinuierlich Geld an der Börse zu verdienen heißt daher, langfristig höhere Gewinne zu erzielen, als Verluste zu erleiden.

Direkter, voll elektronischer Börsenhandel

Unter dem Begriff Daytrading verbirgt sich der modernste und damit schnellste Börsenhandel, der aktuell für private Anleger möglich ist. Unbedingte Voraussetzung ist, dass eine direkte, voll elektronische Vernetzung zu den Börsen besteht. Diese Begriffsbestimmung soll weiterhin aussagen, dass der Trader selbst seine gewünschten Trades in aller Regel innerhalb von Sekunden ausführen kann.

Derzeit sind noch nicht alle Börsen voll elektronisch handelbar. Hier gilt es zu selektieren, da man sich ansonsten selbst einen gewissen Vorteil in Bezug auf Schnelligkeit nimmt. Aus diesem Grund wird in der Hauptsache nur an den Börsen und mit den Indizes (Benchmarks) getradet, die direkt und voll elektronisch handelbar sind.

Dies sind derzeit im Wesentlichen:

- DAX-Future
- EURO STOXX 50-Future
- BUND-Future
- BOBL-Future
- E-MINI-S&P-Future
- E-MINI-NASDAQ-Future
- Dow-Jones-Future
- Forex-Handel (Devisengeschäft)

- CFD (Contract for Difference): Diese, sich in den letzten Jahren herausgebildete Art des Börsenhandels erfreut sich immer größerer Beliebtheit.

- Ganz neu im Markt ist der Handel mit „Binären Optionen" (Näheres hierzu finden Sie in Kapitel 8).

3 Von allen anderen Indizes oder Börsen möchte ich Ihnen dringend abraten.

Seien Sie insbesondere vorsichtig bei den sogenannten Schwellenländern (Emerging Markets). Diese Börsen finden Sie in Asien und den osteuropäischen Staaten. Abgesehen von den Sprachproblemen ist es sehr schwer, die dortigen Vorgänge tatsächlich einschätzen und annähernd richtig interpretieren zu können. Die Mentalitäten unterscheiden sich enorm von unserem wirtschaftlichen Verständnis.

Auch „Parkettbörsen" sollten Sie unbedingt für das Daytrading meiden, da Sie nicht die dort erforderliche Schnelligkeit für diese Art des Börsenhandels haben!

Praxis-Tipp:

Schnellste Informationswege, Kurzzeitanalyse und eine Handelsausführung innerhalb von Sekunden sind entscheidend und verschaffen Ihnen den so wichtigen Vorsprung!

Daytrading kontra konservativer Börsenhandel

4

Was versteht man unter „traden"?

Trading ist im Grunde nichts anderes als die Handhabung von Wahrscheinlichkeiten.

Alle Tradingentscheidungen beruhen auf Prognosen der wahrscheinlichen, zukünftigen Preisentwicklung unter Berücksichtigung ihrer zeitlichen Dimension. Eine Prognose besteht somit aus den Komponenten

4

- Richtung,

- Zeitraum,

- Wahrscheinlichkeit

und liefert die Entscheidungsgrundlage für die wichtigsten Fragen überhaupt:

- Mit welcher Wahrscheinlichkeit vollzieht sich eine Preisveränderung?

- Zu welchem Zeitpunkt?

- In welchem Ausmaß?

- In welchem Zeitraum?

Ausgehend von einem gegebenen Preis und einem gegebenen Informationsstand kann jeder Preisveränderung pro Zeiteinheit eine gewisse Eintrittswahrscheinlichkeit zugeordnet werden. Da sich sowohl der Preis, und allein mit dieser Änderung auch schon der Informationsstand, ändert, ist Trading somit ein fortlaufender Reflektionsprozess aufgrund einer sich ständig verändernden Wahrscheinlichkeitsverteilung über der Preis/Zeit-Relation eines gehandelten Instruments.

Praxis-Tipp:

Diese Wahrscheinlichkeitsverteilung ist die ausschlaggebende Größe für das mit dem Eröffnen und Halten einer Position verbundene Risiko sowie deren Chance und folglich auch für die Chance-/Risikorelation eines Trades.

Das Kennen oder zumindest eine gute Schätzung der Wahrscheinlichkeitsverteilung ermöglicht im anschließenden Entscheidungsprozess eine:

- Bestimmung realistischer Einstiegsziele
- Bestimmung realistischer Ausstiegsziele im Gewinnfall
- Bestimmung intelligenter Ausstiegspunkte im Verlustfall
- Eröffnung von Positionen mit geringem Risiko und einem dem Risiko angemessenen Gewinnpotenzial
- vorzeitige Schließung von Gewinnpositionen bei sich ändernder Chancen-/Risikoverteilung

4

Achtung: Jede Tradingentscheidung ist im weiteren Sinne vergleichbar mit einer oder mehreren Wetten. Beim Daytrading sind zwei Wettziele wichtig und sollten daher mit großer Wahrscheinlichkeit vorhergesagt werden können:

1. Die Hauptwette bezieht sich auf die Richtungskomponente der Prognose. Wohin geht der Markt heute und die nächsten Tage? Ist der Markt bullish oder bearish? Haben die Optimisten oder die Pessimisten die Oberhand? Gibt es Unsicherheiten im Markt oder stehen kurzfristig wichtige Entscheidungen an (Zinsen, Arbeitslosenzahlen, Entscheidungen der Zentralbanken)?

2. Die Unterwette bezieht sich eindeutig auf die Zeitkomponente. Wohin entwickelt sich der Markt in den nächsten fünf Minuten, und aus welchem Grund? Was beeinflusst das Marktgeschehen in den nächsten Minuten?

Praxis-Tipp:

Trading bietet die Chance, nicht jedoch die Garantie, aus Preisveränderungen Gewinne zu erzielen. Diese Chance gibt es nicht zum Nulltarif. Sie muss mit dem Eingehen eines Risikos erworben werden. Der Preis der Gewinnchance ist das einzugehende Verlustrisiko. Zielsetzung der gesamten Tradingaktivität ist ein langfristig positives Gesamtergebnis in Höhe einer Mindestrendite. Die mit dem Daytrading entstehenden Kosten müssen in jedem Fall gedeckt sein.

Konservative Anlageformen

Darunter ist im Börsengeschäft vor allem die Anlage in Aktien zu verstehen. Der sichere Anleger wird in erster Linie in deutsche Aktien und damit in DAX-Werte investieren. Hierbei handelt es sich um die 30 wichtigsten Aktienwerte in Deutschland. Diese Werte repräsentieren einen Querschnitt durch die führenden Branchen. Wenn der Anleger nun mehrere DAX-Werte einkauft, sollte er auch auf einen Branchenmix achten, weil dadurch eine zusätzliche Risikominimierung erreicht werden kann.

Besonders zu empfehlen sind in diesem Zusammenhang die sogenannten Blue Chip-Werte. Diese sind die führenden Werte im DAX, die eine besondere Stellung haben.

Dazu zählen:

- Allianz
- BASF
- Daimler
- Deutsche Bank
- Siemens

Weiterhin ist das Tätigkeitsfeld der einzelnen Firmen zu beachten, ob es sich dabei um sogenannte Wachstumsbranchen handelt. Dies trifft bei den vorgenannten Werten zu.

Diese Aktien haben bei der Kursentwicklung Steigerungspotenzial und bezahlen auch eine gute Dividende. Das zugrunde liegende Risiko ist als verhältnismäßig gering einzustufen. Vor einer Finanz- oder Weltwirtschaftskrise jedoch, wie wir sie vor nicht allzu langer Zeit durchleiden mussten, sind auch diese Werte nicht gefeit. Daher empfiehlt es sich, eine Stopp-Loss-Order einzubauen.

Zeitraum dieser Anlageformen

Solche konservativen Anlageformen wie oben erwähnt sollten zumindest mittelfristig gehalten werden, darunter sind mehrere Jahre zu verstehen.

	Regelung bis 31.12.2008	neue Regelung ab 01.01.2009
Dividenden	Halbeinkünfteverfahren nach persönlichem Steuersatz	25 Prozent Abgeltungsteuer
Kursgewinne	■ Innerhalb der Jahresfrist Halbeinkünfteverfahren ■ außerhalb der Jahresfrist steuerfrei	25 Prozent Abgeltungsteuer unabhängig von der Haltedauer
Kursverluste	■ Innerhalb der Jahresfrist: mit Kursgewinnen aus Aktien und Spekulationsgewinnen verrechenbar ■ außerhalb der Jahresfrist: kein Ansatz bei der Einkommensteuer	■ Nur noch mit Aktien-Kursgewinn unabhängig von der Haltedauer der Aktien verrechenbar ■ Verlustsaldo kann in das nächste Jahr übertragen werden

4

Moderne Art des Daytradings

Es ist derzeit ein rasanter Wandel in unserer Gesellschaft feststellbar. Wir leben in einer Zeit der Erbengeneration. Es steht sehr viel disponibles Geld zur Verfügung, das neu und gewinnbringend angelegt werden soll. Weiterhin gibt es viele Berufsgruppen und Firmen, die neue Anlageformen und Entscheidungshilfen suchen.

Viele Anlageinteressierte haben bereits Erfahrungen mit ihren Banken gesammelt. Diese sind nicht immer zufriedenstellend ausgefallen.

Die Gründe sind unter anderem: Eigene Einschätzungen des Wertpapierexperten erfolgen in aller Regel nicht, da er normalerweise von den Vorgaben seiner Zentrale abhängig ist.

In Anbetracht der Schnelligkeit des Geschäfts ist das Rüstzeug vieler Banken – vor allem in den Filialen – sehr oft veraltet und entspricht nicht mehr den Anforderungen aufgeklärter Kunden. Dies trifft vor allem zu auf:

- Technik

- Schnelligkeit

- Informationen

4

- aktuelle Wirtschaftsdaten

Einige Beispiele aus der Praxis, die ich teilweise am eigenen Leib erfahren musste und die mir analog auch in vielen Kundengesprächen geschildert wurden, darf ich hier zum Verständnis der neuen Marktsituation kurz aufzeigen:

- Ein Interessent gibt seiner Bank einen telefonischen Kauf- oder Verkaufsauftrag. Es kommt nicht selten vor, dass seine Bankfiliale überhaupt keinen direkten Börsenzugriff hat. Dies bedeutet, dass der zuständige Bearbeiter die Order erst seiner größeren Filiale durchgeben muss. Von dort aus wird die Order in ein System eingegeben, läuft anschließend zur Zentrale und von dort erst zur Börse, eventuell noch mit Hilfe eines Brokers. Damit vergeht wertvolle Zeit, und der Anleger erfährt über einen längeren Zeitraum nicht, ob seine Order ausgeführt wurde und welchen Kurs er erhalten hat.

- Oder: Der zuständige Bearbeiter ist gerade in einem Kundengespräch. Er würde jedoch anschließend zurückrufen. Gleiches gilt, wenn er gerade in einer Besprechung ist. Man würde ihm einen Zettel zwecks Rückruf auf den Schreibtisch legen.

- Auch kommt vor, dass der Bearbeiter gerade in der Mittagspause ist. Danach ist das Geschäft jedoch bereits oft gelaufen. Jemand hat gut gespeist, was ja zweifellos auch wichtig ist. Sie aber haben unter Umständen massiv Geld verloren!

- Börsenkenner wissen, wie wichtig der Freitagnachmittag ab 15.30 Uhr ist, wenn die Wallstreet eröffnet oder wichtige Meldungen aus den USA anstehen. Dann ist oft niemand mehr zu erreichen, der eine Order aufgibt und Sie anschließend über das Ergebnis unterrichtet.

Wichtig: Genau jetzt spielt aber die Musik, und der Trader kann gerade um diese Zeit viel Geld verdienen oder auch verlieren, wenn er die Position nicht glattstellen oder neu eröffnen kann.

Die Kundenwünsche nach Service und Erreichbarkeit haben sich kurzfristig gerade in diesem Marktsegment völlig verändert. Dies zeigen auch sehr eindeutig die großen Erfolge der Discountbroker, die sich vor Kundenanfragen fast nicht mehr retten können. Dies führt aber dort wiederum zu Problemen bei der Erreichbarkeit und der schnellen Abarbeitung der Orders.

4

Praxis-Tipp:

- Das Daytrading zeichnet sich dadurch aus, dass im Laufe eines Tages, je nach Handelstaktik, mehrere bis viele Trades an den Börsen erfolgen. Die gewählte Position wird je nach Situation oftmals nur wenige Sekunden oder Minuten gehalten und anschließend wieder glattgestellt. Aus dieser Volatilität oder Schwankungsbreite der Märkte versucht der Daytrader, seine Gewinne zu erzielen. Es ist dabei völlig unerheblich, ob der gewählte Markt, beispielsweise der DAX-Future, zum Einstiegszeitpunkt steigt oder fällt. Sie müssen als Trader nur die richtige Position wählen.

- Sie gehen long, wenn Sie auf steigende Kurse spekulieren, oder Sie gehen short, wenn Sie mit fallenden Kursen rechnen. Sie können mittels des modernen Systems jederzeit die Position drehen und versuchen, mit der Marktbewegung zu gehen.

- Das technische System bietet phantastische Möglichkeiten. Jedoch müssen diese erkannt, trainiert, sinnvoll genutzt und damit gewinnbringend umgesetzt werden.

Bestimmung der einzelnen Trades

Das jeweilige Einstiegsignal beim Daytrading soll durch eine vorher überlegte Taktik bestimmt und damit festgelegt sein. Jeder Trader wird sich im Laufe der Zeit ein individuelles System erarbeiten, das auf seine Persönlichkeit und seine finanziellen Möglichkeiten abgestimmt ist.

Mit Persönlichkeit ist vor allem gemeint:

4

- Risikobereitschaft
- Disziplin
- Erfahrung
- Ausdauer
- Lernbereitschaft
- körperliche Fitness
- Einstellung
- Gemütszustand
- Wille zum Erfolg

Achtung: Die finanziellen Möglichkeiten erfordern zwingend ein strikt einzuhaltendes Money-Management. Darunter ist zu verstehen, dass Höhe und Risiko der einzelnen Trades auf den finanziellen Hintergrund abzustimmen sind. Hierbei ist ausschließlich das für Daytrading reservierte Risikokapital zu verstehen.

Stimmen diese Voraussetzungen, so kann der Einstiegszeitpunkt in die jeweilige Position gesucht werden. Dafür stehen umfangreiche Hilfsmittel zur Verfügung, die wie folgt genannt werden können:

- Alle Tickdaten (der kleinste messbare Umsatz) der jeweiligen Börse werden aufgezeichnet, in Echtzeit übermittelt und in Chartmustern aufgezeichnet und sichtbar gemacht. In aller Regel wird mit sogenannten Candlestick-Charts gearbeitet, da diese die effektivste Aussagekraft haben.

- Ein gutes Analysesystem, ausgewählt nach Ihren Bedürfnissen, hilft unterstützend mit, Signale für den Einstieg zu finden. Darin enthalten sind die führenden Indikatoren, Trendfolgesysteme und Oszillatoren.

■ Wirtschaftsnachrichten der führenden Institute, die Einflüsse auf die Aktienkurse haben.

■ Laufende Unterrichtung über die Kurse der weiteren Weltbörsen, um Trends frühzeitig erkennen zu können.

■ Aktuelle Devisenkurse; dabei besonders das Verhältnis zwischen Euro und Dollar beziehungsweise Dollar und Yen.

Wichtig: Mit dieser Fülle von Echtzeitinformationen und Hilfsmitteln, in Verbindung mit einer guten Ausbildung und damit Umsetzung dieser Daten, soll die Wahrscheinlichkeitsrechnung für erfolgreiche Trades zu Ihren Gunsten von ansonsten 50 : 50 doch wesentlich zu Gunsten des Traders verbessert werden. Die persönlichen Eigenschaften des Traders müssen ebenfalls vorhanden sein (siehe vorausgegangene Seite).

4

Technische Voraussetzungen und laufende Kosten

5

Hardware

Die nachstehenden Positionen sind nur als Empfehlung zu verstehen. Ihre bereits vorhandene Hardware kann in aller Regel entsprechend verwendet werden. Im Einzelfall mag eine Abstimmung erforderlich sein.

Es sind für eine optimale Ausstattung zwei Rechner und drei Bildschirme zu empfehlen.

Von der Leistungsfähigkeit her beziehungsweise im Bezug auf die erforderliche Geschwindigkeit genügen handelsübliche Standard-PCs.

Dies ist enorm wichtig, da Sie ansonsten im Laufe der Zeit Probleme bekommen werden, die sehr unangenehm sind, wenn Sie sich dabei im Markt befinden. Es laufen doch viele Anwendungen im Hintergrund, die schnell und sicher ausgeführt werden müssen.

Achtung: Zuverlässigkeit in der Technik ist gerade in diesem Marktsegment von besonderer Bedeutung. Sie haben keine Zeit, sich Gedanken über die Technik zu machen, wenn Sie gerade Handelsentscheidungen treffen, bei denen es unter Umständen um sehr viel Geld geht.

Kostenaufstellung – Einmalige Kosten	
Orderrouting- und Handelssystem	**Circa-Preise in Euro**
zwei handelsübliche Standard-PCs	
aktueller Prozessor/CPU	
4096 MB RAM-Speicher	
Festplatte/SSD 80 GB oder mehr	
DVD ROM-Laufwerk (16 x/48 x) oder besser	
Doppelgrafikkarte	
Soundkarte	

noch: Kostenaufstellung – Einmalige Kosten

Orderrouting- und Handelssystem	Circa-Preise in Euro
Wireless LAN Ausstattung	
Betriebssystem Windows 7/ Windows 8	
Firewall und Antivirus Paket	
Zwischensumme	**900**
3 19-Zoll-TFT-Bildschirme oder größer	600
Gesamt	**1.500**

5

Alternativ könnten Sie auf den zweiten PC verzichten und dafür auf eine 4 Port-Grafikkarte zum Betreiben von bis zu vier Bildschirmen ausweichen (Kosten ca. 300 Euro).

Software

Laufende monatliche Kosten	Circa-Preise in Euro
Internetzugang plus Flatrate	50
Börsendaten der EUREX, CME, Nachrichten-ticker sowie Analysetool der wichtigsten Indikatoren und Oszillatoren	150
Gesamt	**200**

Sie sehen nachfolgend die Zusammenstellung der einmaligen Kosten für die Anschaffung der technischen Anlage (Hard- und Software) sowie der monatlichen festen Kosten:

■ einmalige Kosten der Anschaffung ca. 1.500 Euro

■ laufende monatliche Kosten ca. 200 Euro

Internetzugang/Standleitung

Es wird immer wieder die Frage gestellt, ob eine Standleitung erforderlich ist oder eine normale DSL-Verbindung mit einer Flatrate ausreichen würde.

Achtung: Ich rate Ihnen zur Tätigkeit als Daytrader, wenn Sie sich dazu entschließen, diese professionell durchzuführen. Daher empfehle ich Ihnen bei größeren Handelsvolumen, nach Möglichkeit eine eigene Standleitung zu beantragen. Dies gibt Ihnen eine weitgehende Sicherheit in Bezug auf den Datenschutz, Datenmissbrauch, Schnelligkeit und Zuverlässigkeit des Systems.

5

Stellen Sie sich vor, Sie sind in einer Position im Markt und können diese wegen diverser Datenprobleme nicht schließen. Kein allzu erfreulicher Gedanke!

Um es klarzustellen:

Für einen Privattrader genügt ein DSL-Zugang mit einer Flatrate. Traden Sie jedoch mit hohem Risiko (Kapitaleinsatz, gleichzeitig in verschiedenen Märkten etc.), sind Sie institutioneller Anleger oder Vermögensverwalter etc., so empfehle ich Ihnen eine Standleitung (Interconnect). Die monatlichen Kosten belaufen sich auf ca. 250 Euro. Sie sehen: Alles hat seinen Preis. Jedoch relativiert sich dies sehr schnell, wenn Sie durch die Sicherheit Ihres Systems mit dazu beitragen, Ihre, so hoffe ich, erfolgreichen Handelsentscheidungen entsprechend abzusichern.

Mit diesen Kosten müssen Sie rechnen!

Monatliche Festkosten

In der Regel werden Sie von zu Hause aus traden. Auch hier entstehen Ihnen monatliche fixe Kosten.

Die wichtigsten davon sind die Bezahlung der Nachrichten, Wirtschafts- und Analysedaten sowie die Onlinegebühren im Internet oder die eigene Standleitung. Bei einer professionellen Ausstattung, zu der ich Ihnen aus bereits mitgeteilten Gründen dringend rate, müssen Sie derzeit mit monatlichen Festkosten, je nach Ausstattung, um die 200 bis 220 Euro rechnen.

Die monatlichen Kosten lassen sich wie folgt zusammenstellen:

Kosten für einen akzeptablen Arbeitsplatz	
Aufwendungen	Circa-Preise in Euro
DSL/Flatrate	50
Daten, News, EUREX, CME, Analyse	150
Strom	20
Gesamt	**220**

5

Praxis-Tipp:

Sollten Sie nicht bereit sein, diese Kosten zu tragen, so ist die Gefahr sehr hoch, in diesem absoluten Hightech-Markt mit den falschen oder veralteten Waffen gegen Profis zu kämpfen. Dass dies nicht lange gut gehen kann, ist offensichtlich und muss nicht weiter ausgeführt werden. Dies ist ein harter Markt: Was der eine Marktteilnehmer gewinnt, verliert der andere, und dieser möchten Sie ja nicht allzu oft sein, oder?

Beachtung der wichtigsten Gebühren

Achtung: Noch vor den bereits bekannten Fixkosten sind die Gebühren beim Daytrading der wichtigste Faktor, den Sie immer im Auge behalten müssen.

Daytrading sagt ja gerade aus, dass Sie zumindest einmal, in aller Regel jedoch mehrere Male täglich, an der Börse aktiv werden und den DAX-Future oder einen der anderen Indizes kaufen und verkaufen. Von diesen schnellen Geschäften und der Volatilität der Märkte lebt der Daytrader.

Die konservative Bankenlandschaft verlangt für die Bearbeitung im Futurehandel relativ hohe Gebühren, die je Roundturn zwischen 15 und 30 Euro liegen.

Bei den sogenannten Discountbrokern werden Ihnen wesentlich günstigere Gebühren in Rechnung gestellt. Ebenso in den bereits öfter genannten Trading-Centern.

In aller Regel werden mittlerweile keine offenen Gebühren mehr verlangt. Stattdessen erfolgt ein Aufschlag auf den Spread. Dies ist die Differenz zwischen dem tatsächlichen Marktpreis im Moment des Handels und dem Preis, der Ihnen als Einkaufspreis angezeigt wird.

5

Praxis-Tipp:

Die Brokerbank hat nichts zu verschenken und diese Differenz müssen Sie in Ihrem Trade erst ausgleichen. Sprechen Sie bei größeren Aktivitäten Ihren Broker auf einen gewissen Nachlass in diesem Bereich an.

Wann erreiche ich den Deckungsbeitrag/die Gewinnzone?

Diese Rechnung ist für jeden Trader wichtig, damit er genau bestimmen kann, ob und zu welchem Zeitpunkt seine Tätigkeit Geld einbringt beziehungsweise ab welchem monatlichen Betrag die Gewinnschwelle beginnt.

Beispiel:

Bei dieser Berechnung müssen Sie folgende Aufwendungen berücksichtigen:

- Haben Sie eine neue PC-Anlage und weitere Technik angeschafft, sollten Sie diese Kosten auf einen betriebsüblichen Abschreibungszeitraum von vier Jahren aufteilen.

- Hinzu rechnen Sie Ihre weiteren Kosten für die einmalige Freischaltung des Systems.

- weiterhin die Kosten für die benötigten Realtime Daten und Wirtschaftsnachrichten

- Gebühren für die Internetverbindung oder Standleitung

- Stromkosten

- Serviceleistungen und Hotline (fakultativ)
- Fahrtkosten, Literatur und Buchhaltungsaufwendungen

Wer noch genauer rechnen möchte, kann eine kalkulatorische Verzinsung seines Risikokapitals ansetzen, da er bei einer alternativen Anlage Zinsen erwirtschaften würde.

Die Endsumme daraus ist der Betrag, den Sie mindestens erzielen müssen, damit Ihr Tradingergebnis kostenneutral ist, das heißt: sich in sich selbst trägt. Jeder Euro, den Sie darüber hinaus verdienen, ist Ihr Tradingbruttogewinn.

Wichtig: Für Spekulationsgewinne trat ab 01.01.2009 die Abgeltungsteuer in Höhe von pauschal 25 Prozent in Kraft.

5

Praxis-Tipp:

Kalkulieren Sie für alle Festkosten einen Nettogewinn von 1 Punkt täglich ein.

Wie funktioniert Daytrading für den privaten Spekulanten?

6

Börsentermingeschäftsfähigkeit

Sie besitzen oder erwerben die von der Börse geforderte Termingeschäftsfähigkeit. Diese können Sie aufgrund bereits bestehender Kenntnisse oder in der Vergangenheit durchgeführter analoger Börsengeschäfte/aktiven Handel nachweisen. Alternativ können sich Kunden das nötige Wissen in Schulungen und Seminaren aneignen.

Achtung: Die Börsentermingeschäftsfähigkeit ist die unbedingte Voraussetzung, um für diese Art von Börsengeschäften im Terminmarkt zugelassen zu werden.

Damit soll sichergestellt werden, dass sich der Interessent oder Spekulant bewusst ist über die Risiken am Terminmarkt. Aufgrund der besonderen Art dieser Geschäfte ist es unbedingt erforderlich, sich neben dem nötigen Fachwissen über die wirtschaftlichen Risiken im Klaren zu sein. Ein Totalverlust des eingesetzten Kapitals ist jederzeit möglich. Darüber hinaus sind weitere Verluste denkbar, obwohl der Broker, falls die Margin nicht mehr ausreicht und der Margin-Call nicht erfüllt wird, alle Positionen sofort glattstellen wird.

Wichtig: Aus diesem Grund muss der Interessent für Termingeschäfte oder für das Daytrading gegenüber der Brokerbank beziehungsweise der Börse bestätigen, dass er diese Risiken genau kennt und es seine finanziellen Verhältnisse ermöglichen, am Terminmarkt tätig zu sein. Diese Erklärung muss er durch mehrere Unterschriften auf Auskunfts- und Belehrungsbögen abgeben und sanktionieren.

Fachliche Eignung

Was ist darunter zu verstehen? Ist jemand, der einiges an Fachbüchern gelesen hat, der genau weiß, was ein Future und eine Option ist, der Charts analysieren, die Mechanismen des geringen Einschusses, den Leverage-Effekt, das Delta, den Zeitwert und den inneren Wert kennt und berechnen kann, auch ein guter Daytrader? Hat er damit die Gewähr, relativ sicher in diesem Bereich auch gutes Geld zu verdienen?

Dies ist zu bezweifeln.

Fachwissen muss, wie in jedem Beruf, auch sein und ist und war auch noch nie ein Nachteil. Doch allein mit theoretischem Wissen kommen Sie in diesem Bereich nicht weiter. Sie können jahrelang die gesamte Fachliteratur wälzen und viele Charts auswerten. Dies alles ist sicherlich hilfreich, wird jedoch nicht den gewünschten Erfolg bringen.

Das Zauberwort wird auch hier sein, es einfach gut vorbereitet „zu tun".

Die ganz überwiegende Anzahl der Daytrader arbeitet mit dem Future. Das Traden damit ist von der Grundkonzeption her relativ simpel.

6

Wenn Sie der Meinung sind, dass der Kurs steigt, gehen Sie long, im konträren Fall gehen Sie short.

Sie müssen sich vor dem Einstieg ein Bild des Tages machen und darauf Ihre Strategie ausrichten. Sie verfolgen die wichtigen Auslandsmärkte und die aktuelle Nachrichtenlage und können dann mit Unterstützung der Charts in Echtzeit, der Handelsprogramme wie dem MACD, Stochastik oder RSI Ihre Eintrittsentscheidung treffen und in den Markt einsteigen.

Praxis-Tipp:

■ Elementar erscheint mir, immer mit dem Markt zu gehen, sich nicht dagegenzustellen, Trendsignale zu erkennen und richtig zu deuten. Grundsätzlich gilt, dass der Markt immer Recht hat. Dagegen anzukämpfen ist sinnlos und aufgrund des oftmals geringen finanziellen Kapitals auch gar nicht möglich.

■ Nach Beendigung Ihrer Arbeit sollten Sie den Chart auswerten und Ihre gesamten Handelsentscheidungen analysieren. Anschließend versuchen Sie zu klären, warum Sie bei einzelnen Trades richtig und bei anderen falsch lagen, mit der Absicht, Ihre Erfolgsquote in Zukunft zu verbessern.

Bereitstellung des erforderlichen Risikokapitals

Das Tradingkapital für das Daytrading und die Terminmärkte sollte für Sie ein absolutes Risikokapital darstellen, welches Sie im schlechtesten Fall auch ohne schlimmere Einbußen Ihrer Gesamtsituation als Verlust verschmerzen können. Es darf sich demnach nicht um Ihr gesamtes disponibles Einkommen handeln, bei dessen Verlust Sie massive finanzielle Probleme bekämen.

Achtung: Noch schlimmer wäre es, wenn Sie Daytrading mit Krediten finanzieren würden in der Hoffnung, mit den Gewinnmöglichkeiten Zins und Tilgung ohne Probleme leisten zu können. Diese Konstellation wäre fatal, da Sie den Kopf nie frei hätten für Ihre Tradingentscheidungen und Sie dann sozusagen mit dem Rücken zur Wand stünden.

An anderer Stelle wurde bereits gesagt, dass in aller Regel ein ausreichend hohes Tradingkapital erforderlich und auch sinnvoll ist (Empfehlung: mindestens 15.000 Euro für den BUND-Future und den EURO STOXX 50 und 30.000 Euro für den DAX-Future, besser mehr). Um gut traden zu können, brauchen Sie eine genügend große finanzielle Sicherheit. Erst aus dem Gefühl der Stärke heraus gelingen positive Handelsentscheidungen.

Ist die Kapitaldecke zu dünn, werden Sie bereits bei geringen Verlusten nervös, und es fehlt die nötige Ruhe und Sicherheit.

Praxis-Tipp:

- Sie dürfen nie den Fehler begehen, jeden Trade, egal ob bei Gewinn oder Verlust, sofort in Geld umzurechnen. Das Ergebnis Ihrer Tätigkeit sind Punkte.

- Gelingt es Ihnen, in der Summierung der Punkte für den gewählten Zeitraum (Woche, Monat, Jahr) eine positive Punktanzahl zu erreichen, so haben Sie auch entsprechend Geld verdient. Die sofortige Umrechnung und Fixierung verwirrt nur, macht nervös und beeinträchtigt unter Umständen neue Entscheidungen.

- Psychologisch gesehen möchte niemand sein soeben verdientes Geld beim nächsten Trade wieder aufs Spiel setzen und möglicherweise wieder verlieren.

Einrichtung eines optimalen Börsenarbeitsplatzes

Die Einmietung in einem Daytrading-Center ist aufgrund der technischen Entwicklung überholt. Sie können sich dieses Equipment auch zu Hause installieren (davon gehe ich aus). Sie sparen sich dadurch Kosten, Zeit, haben mehr Freiheit und Bequemlichkeit und müssen Ihre gewohnte Umgebung nicht verlassen. Dies verleiht Ihnen auch die nötige Ruhe und Sicherheit, wenn Sie sich zum Traden entschließen! Dennoch haben Sie fortlaufende Kosten (wie bereits beschrieben).

Die richtige Fragestellung lautet:

Was benötige ich, um Erfolg zu haben, und wie ist die Kosten-/Nutzenrelation?

Ich gehe von einer guten Ausstattung (derjenigen zu Hause) aus und habe damit monatliche Kosten von etwa 220 Euro. Jedoch erst mit diesem Equipment, verbunden mit meinem erworbenen Fachwissen und der geeigneten Persönlichkeitsstruktur, bin ich womöglich in der Lage, monatlich ein Vielfaches davon regelmäßig zu verdienen.

Kürze ich jedoch meine Kosten und Informationsmöglichkeiten, reduziere die Schnelligkeit meiner Orderausführungen, riskiere halbe Blindflugtrades, so komme ich unter Umständen niemals in die Gewinnzone.

Sehr wichtig ist es, die aktuellen Wirtschaftsnachrichten in Echtzeit zu erhalten, damit auf diese entsprechend reagiert werden kann. Wenn diese Nachrichten durch Bewegungen der Kurse im Chart sichtbar werden, ist es oft zu spät, darauf zu reagieren, oder man versteht den Grund der Kursveränderung nicht.

Analog verhält es sich mit dem Handels- und Analyseprogramm. Diese sind jeweils in dem genannten Paket bereits enthalten. Sie brauchen dabei nichts mehr zu rechnen oder auszuwerten. Dies alles übernimmt das System für Sie, und dies noch dazu ohne jegliche Emotionen.

Sie können hierbei die verschiedensten Indikatoren und Oszillatoren einsetzen, die Handelsgrundlage der überwiegenden Anzahl der professionellen Marktteilnehmer sind. Ob Sie nun Ihre Handelsentscheidungen auf den Grundlagen des gleitenden Durchschnitts, dem Momentum, dem MACD, dem RSI oder nach einem anderen Verfahren treffen, das System erledigt dies für Sie automatisch.

Die Programme können Sie nach Ihren individuellen Taktiken optimieren und zusammenstellen. So können Sie eine hohe Trefferwahrscheinlichkeit erreichen. Es werden bestimmte Softwarelösungen im Markt angeboten, die völlig eigenständig arbeiten und bei bestimmten Signalen eigenständig handeln, sprich kaufen oder verkaufen. Davon ist jedoch abzuraten. Diese sollten nur ein wichtiges Hilfsmittel sein – nicht mehr und nicht weniger.

6

Wichtig: Sie allein müssen und sollen nach der Registrierung und Verarbeitung der für Sie wichtigen Daten die endgültige Handelsentscheidung treffen. Ansonsten wäre diese Tätigkeit ja zu einfach, nicht so spannend und in der Konsequenz auch zu gut bezahlt.

Ohne Sicherheiten geht es nicht!

Sie eröffnen Ihr Konto mit einer Margineinzahlung, die in Abhängigkeit zu der Anzahl der gehandelten Kontrakte steht (mindestens 10.000 Euro). Diese wird zur Abdeckung Ihrer geschäftlichen Transaktionen durch das Brokerhaus benötigt und direkt auf Ihrem Konto geführt.

Bei den Kontrakten geht es zum Teil um recht hohe Summen. Allerdings brauchen Sie als Spekulant nicht die gesamte Summe einzuzahlen. Es reichen Sicherheiten, sogenannte Margins, aus. Die Höhe der Mindestsicherheiten wird von der Börse festgelegt und richtet sich auch nach der Volatilität des Basiswertes. Jeder Broker kann höhere Sicherheiten fordern. Stark schwankende Basiswerte haben höhere Margins als weniger volatierende Basiswerte.

Sie können auch mit dem sogenannten „Mini-Dax" arbeiten. Im Gegenzug zum „Original-Dax-Future", der einen Punktwert von 25 Euro beinhaltet, hat dieser „Mini-Dax" nur einen Punktwert von 5 Euro.

Sollten Sie diesen handeln, so beträgt die Höhe der Margin auch nur 1/5 der genannten Summe, demnach mindestens 2.000 Euro.

Analog verhält es sich bei den „Binären Optionen". Auch hier beträgt die geringste Handelsgröße 5 Euro. Hier bieten einige Brokerbanken bereits eine Kontoeröffnung ab 100 Euro an, wovon ich allerdings abraten möchte. Sie sollten als Grundkapital mindestens 500 bis 1.000 Euro auf dem Konto haben. Dies bringt Ihnen Sicherheit, einen langen Atem, der an der Börse wichtig ist, und Sie werden nicht sofort nervös, falls einige Trades, besonders am Anfang, nicht in die gewünschte Richtung laufen (bitte lesen Sie hierzu die weiteren Ausführungen zum Risikomanagement).

Technische Unterstützung

Wie bereits erwähnt, benötigen Sie ein elektronisches Analysesystem in Real-Time, Börsendaten der EUREX und der CME (falls Sie Börsen und Indizes der USA handeln möchten), einen guten Nachrichtenticker sowie die wichtigsten Indikatoren.

6

Seminare und Schulungen

Es werden gezielte Veranstaltungen zu folgenden Themen angeboten:

- richtiger Einstieg in das Daytrading
- Aufbauseminar Daytrading
- Professionelles Daytrading

Damit können Sie Ihr Wissen und zugleich die Qualität Ihrer Trades laufend verbessern.

Wichtig: Wenn Sie zum Beispiel ein Kfz bewegen möchten und beabsichtigen, den Führerschein zu machen, kontaktieren Sie einen Fahrlehrer. Dieser macht Sie mit den Regeln vertraut, erklärt Ihnen das Auto, sitzt während der Fahrstunden neben Ihnen, überwacht Sie, gibt dabei wertvolle Tipps und ermöglicht es Ihnen dadurch, die Prüfung erfolgreich zu bestehen. Er schafft damit die Voraussetzung, damit Sie sich später allein im motorisierten Verkehr – nach Möglichkeit unfallfrei – bewegen können.

Weshalb sollte es an der Börse anders sein? Denken Sie darüber nach.

Installation des Systems zu Hause

Wie wir bereits erarbeitet haben, gehen wir von einem Arbeitsplatz bei Ihnen zu Hause und/oder im Betrieb aus. Nur dort können Sie diese Tätigkeit über einen längeren Zeitraum ausüben.

Sie als Trader sind dann keinerlei Zwängen, seien sie zeitlicher oder organisatorischer Art, ausgesetzt. Ihre Arbeitszeiten können Sie völlig autark bestimmen. Außerdem sind Sie keinerlei Störung ausgesetzt. Wenn Sie Ihre Handelszeiten auf den frühen Vormittag und späten Nachmittag (oder im USA-Handel auch auf den Abend) verlegen, so verbleibt noch genügend Zeit für die Familie.

Vertrag mit einer Clearingbank

6

Unabhängig davon, von welchem Standort aus Sie tätig werden, benötigen Sie den Service einer Brokerbank.

Als privater Trader können Sie nicht direkt an der Börse Transaktionen durchführen, da Sie kein Broker sind, keine Banklizenz haben und kein Member (Mitglied) der Börse sind. Neben diesen erforderlichen Lizenzen müssten Sie auch noch so nebenbei einige Millionen Euro in bar als Sicherheiten stellen.

Da dies nicht möglich ist, bedienen Sie sich eines Brokers oder eines Wertpapierhandelshauses. Es gibt in Deutschland bzw. über das Internet eine große Anzahl von Anbietern, die Ihnen als den privaten Tradern den direkten Weg zur Börse ebnen.

Sie schließen die entsprechenden Verträge/Vereinbarungen mit diesem Broker ab. Darin sind alle wichtigen Modalitäten geregelt:

- Kontoeröffnung

- technischer Ablauf

- Angaben zu Ihrer finanziellen Situation

- Börsentermingeschäftsfähigkeit

- Haftungsfragen

- Gebühren

Praxis-Tipp:

- Die Höhe dieser Gebühren ist für den Daytrader ein überaus wichtiges Kriterium, da diese mit darüber entscheiden, wann der Trader seinen Deckungsbeitrag erreicht und in die Gewinnphase kommt.

- Neu ist, dass die Broker die Gebühren nicht mehr offen als einen zusätzlichen Betrag ausweisen. Sie sind den anderen (eleganteren) Weg gegangen und erhöhen die Differenz beim Spread. Dies bedeutet für Sie, dass Sie erst einige Punkte gewinnen müssen, bis Sie den tatsächlichen Marktpreis erreichen. Erst ab diesem Zeitpunkt verdienen Sie wirklich und dann ist auch Ihr Trade im Gewinn.

- Suchen Sie deshalb einen Broker, der hier mit humanen Differenzen arbeitet. Bei einer bestimmten Anzahl von monatlichen Trades können Sie versuchen zu verhandeln, um den Spread zu drücken.

- Gerne stehe ich Ihnen in diesem Bereich für Fragen und Empfehlungen zur Verfügung. Meine Kontaktdaten finden Sie am Ende des Buches.

6

Wichtig: Das zu eröffnende Konto beim Broker wird auf den Namen des Traders eröffnet. Neben dem Trader ist allein das Brokerhaus berechtigt, dort Transaktionen zu verbuchen, das heißt Abbuchungen und Einzahlungen vorzunehmen. Diese richten sich nach dem Ergebnis der Trades. Waren diese erfolgreich, erfolgt eine Gutschrift. Beenden Sie den Trade mit Verlust, so wird Ihr Konto mit einer Abbuchung belastet.

Diese Regelung ist erforderlich, da ausschließlich vollelektronisch gehandelt wird und das Brokerhaus gegenüber der Börse in der Haftung steht.

In aller Regel werden die durchgeführten Handelsentscheidungen innerhalb weniger Sekunden verbucht. Aus den modernen Programmen ist der laufende Stand des aktuellen Trades ersichtlich (ob Gewinn oder Verlust), weiterhin eventuell noch offene Positionen und alle Trades des laufenden Tages sowie die gesamte Historie zum Konto. Sie haben damit die volle Kontrolle, sowohl für sich selbst wie auch zur Zusammenstellung für die steuerlichen Belange zum Jahresende. Eine umfassende Transparenz ist gegeben.

Geforderte Sicherheitsleistungen

Der Handel mit Terminkontrakten stellt ein hohes Preisänderungsrisiko dar. Um sich davor zu schützen, werden von der jeweiligen Börse sogenannte Sicherheitsleistungen, in der Fachsprache Margin genannt, erhoben.

Die Banken und Brokerhäuser müssen bei der Börse ebenfalls umfangreiche Sicherheiten hinterlegen und fordern diese daher von ihren Kunden wieder ein (in aller Regel mit einem weiteren Sicherheitsaufschlag). Dieses System hat sich bewährt und sorgt für Sicherheit in den Märkten.

Es gibt im Wesentlichen folgende Arten der Margin:

Initial- oder Anfangsmargin

Dieser Betrag stellt die Grundlage dar, um überhaupt an der Terminbörse handeln zu können. Die Höhe dieses Betrages ist abhängig von der Anzahl der zu handelnden Kontrakte und der Art der Kontrakte.

Um einen DAX-Future Kontrakt handeln zu können, müssen derzeit als Untergrenze 8.000 Euro und für einen BUND-Future 800 Euro hinterlegt werden (Intraday-Handel). Einzelne Anbieter verlangen auch absolute Mindestgrenzen, etwa 10.000 Euro oder mehr.

Bitte beachten Sie auch die geringeren Summen beim Handel mit dem sogenannten „Mini-Dax" und den „Binären Optionen".

Es lohnt sich natürlich, eine Marktuntersuchung vorzunehmen, da es zwischen den konservativen Banken und Brokern und den sogenannten Discountbrokern sehr große Unterschiede gibt.

Variation Margin

Dient dazu, die an jedem einzelnen Börsentag erfolgte Verrechnung der Gewinne und Verluste vorzunehmen. Die Positionen werden mit dem täglichen Settlement-Preis bewertet. Die Differenz der Position am letzten Börsentag wird dem Trader belastet oder gutgeschrieben.

Risk Based Margin System

Dabei wird das Preisänderungsrisiko für alle Positionen des Traders errechnet. Der Gesamtposition eines Traders wird das Risiko der Einzelpositionen gegenübergestellt, so dass eine Verrechnung erfolgen kann.

Additional Margin

Darunter versteht man die für den nächsten Börsentag angenommene ungünstigste Preisentwicklung, zusätzlich aller weiterer Kosten.

6

Sicherheiten/Margin

Gründe hierfür sind:

- vollelektronischer Handel
- direkte Verarbeitung aller Trades
- Möglichkeit der Leerverkäufe/short gehen
- Broker haftet vorrangig für die Erfüllung aller Trades
- hohes, bewegtes Geldvolumen
- ein Kontrakt, dies ist die kleinste Einheit beim Futurehandel, bewegt derzeit (Stand: 18.07.2013) etwa 206.250 Euro (DAX-Future 8.250 Punkte mal 25 Euro je Punkt)

Orderweg

Der Weg einer Order an die Börse und die Ausführung dieser Order wird in der Regel innerhalb von Sekunden erledigt. Die Order wird über den Zentralrechner des Systembetreibers an das Orderroutingsystem des Brokers und von dort an die jeweilige Börse geleitet. Dort wird der Auftrag sofort elektronisch ausgeführt. Von der Börse läuft das Ausführungssignal zurück über den Zentralrechner des Brokers und erscheint auf Ihrem Handelsbildschirm.

Wie funktioniert Daytrading für den privaten Spekulanten?

Zeitgleich überprüft das Risk-Management des kontoführenden Brokers, ob das Handelslimit im Rahmen liegt und nicht überschritten wurde. Sollte dies der Fall sein, so erhalten Sie einen Hinweis, dass diese Order nicht erfolgen kann. Oder dass nur weniger Kontrakte gehandelt werden können oder die Margin erhöht werden muss.

Gleichzeitig kann dies auch ein Hinweis sein, dass beim Trader Defizite bestehen und unter Umständen weiterer Schulungsbedarf dringend erforderlich ist. Ein Totalverlust des Traders dürfte aufgrund dieser Sicherheitsmechanismen wenig wahrscheinlich sein.

Seine Kontoauszüge kann der Trader direkt zu Hause ausdrucken. Alle wichtigen Daten bleiben so im Blickfeld oder können in kürzester Zeit recherchiert werden.

6

Wichtiger Hinweis: Auch in diesem Bereich gibt es natürlich Unterschiede in der Schnelligkeit der Verarbeitung. Diese ist abhängig von den verwendeten Systemen und den technischen (mitunter auch finanziellen) Möglichkeiten, die dem jeweiligen Brokerhaus zur Verfügung stehen. Die Differenzen bewegen sich im Bereich von etwa einer Sekunde. Dies kann wenig oder auch viel sein. Oftmals ist eine schnelle Order sehr von Nutzen, manchmal auch nicht, beispielsweise wenn der Kurs gerade gedreht hat.

Hochfrequenzhandel

Verwechseln Sie bitte die Handelstechnik der Order nicht mit dem vielleicht schon gehörten „Hochfrequenzhandel". Dabei erfolgen die Orders innerhalb von Millisekunden. Diese Form wird als automatisierter und algorithmischer Handel bezeichnet, der nur von großen Playern und institutionellen Anlegern betrieben werden kann, da die Entwicklung und das technische Equipment und Know-how Unsummen von Geld im Vorfeld erfordert.

Der Hochfrequenzhandel wird auch in Deutschland sehr diskutiert. Der Bundestag hat einen Gesetzentwurf zur Regulierung verabschiedet, der diese Art des Börsenhandels beschränken und verlangsamen soll.

Geeignete Instrumente für den Intraday-Handel

7

Welche Indizes sind zu empfehlen?

Daytrader lieben den schnellen Handel, einen volatilen Markt, hohen Umsatz, das Risiko und die hohen Gewinnchancen aufgrund der Hebelwirkung.

Grundsätzlich sind die nachfolgend genannten Futures für Daytrading zu empfehlen:

- DAX-Future
- DAX-MINI
- BUND-Future
- EURO STOXX 50-Future
- Dow Jones-Future
- STANDARD and POOR'S 500-Future
- NASDAQ 100-Future
- E-MINI-S&P-Future
- E-MINI-NASDAQ-Future
- Forex Future (Devisenhandel)
- Binäre Optionen

Was ist ein Future?

Ein Future ist ein künstlich geschaffenes Börseninstrument, welches eine bestimmte Nachfrage abdeckt und damit seinen Zweck im Börsengeschehen erfüllt. Er wird definiert hinsichtlich:

- Menge
- Qualität
- Liefertermin
- standardisierter Terminkontrakt, bei welchem zu einem bestimmten, zukünftigen Zeitpunkt ein vereinbartes Handelsobjekt zu liefern beziehungsweise abzunehmen ist (beiderseitige Verpflichtung)

Bei allen Financial-Futures wie Aktienindizes ist anstelle einer tatsächlichen Lieferung eine Ausgleichszahlung in Geld zu leisten, da Sie keinen DAX oder Dow Jones liefern können.

Jedoch kommen weit über 90 Prozent aller Future-Kontrakte nicht zur Erfüllung, sondern werden vorher glattgestellt.

Future-Handel

Sehr einfaches Handling ist möglich, da es nur zwei Möglichkeiten gibt:

- Long gehen – rechnen mit steigenden Kursen.
  Es werden ein oder mehrere Kontrakte gekauft, um sie bei höheren Kursen mit Gewinn wieder zu verkaufen.

- Short gehen – rechnen mit fallenden Kursen.
  Es werden ein oder mehrere Kontrakte verkauft (Leerverkauf), um bei niedrigen Kursen mit Gewinn wieder einkaufen zu können.

Achtung: Future-Handel ist reine Spekulation! Um den Terminhandel ranken sich mehr Gerüchte von märchenhaften Gewinnen als um jede andere Geldanlage. Dabei handelt es sich bei den Transaktionen der Spekulanten im Terminhandel im Prinzip gar nicht um eine Geldanlage, sondern um eine Art Wette. Man könnte auch sagen, um ein Spiel, bei dem einer gewinnt und einer verliert. Die tatsächlich gelieferten Waren sind im Vergleich zu den gehandelten Waren verschwindend gering. Sie können Futures kaufen oder verkaufen.

Unabhängig davon, ob Sie Waren oder Finanzkontrakte handeln, können Sie die Kontrakte kaufen oder verkaufen. Beim Kauf eines Kontraktes hoffen Sie auf einen Kursanstieg. Das wird eine Long-Position genannt. Ihr Gegenpart geht von einem Kursrückgang aus. Deshalb verkauft er Ihnen einen Kontrakt. Er ist in der Short-Position.

Praxis-Tipp:

Stellen Sie Ihre Positionen glatt. Oberstes Prinzip beim Warenterminhandel ist, dass eingegangene Verpflichtungen eingehalten werden müssen. Darüber wacht die Börsenaufsicht. Das bedeutet nichts anderes, als dass Sie eine Kaufverpflichtung, beispielsweise über Schweinebäuche, auch einhalten müssen. Vorausgesetzt, Sie halten die Position bis zum Liefertag. Auf der anderen Seite müssen Sie die Schweinebäuche auch liefern, wenn Sie die Position bis zum Liefertag halten. Da Sie das vermutlich nicht wollen, müssen Sie Ihren Kontrakt vor dem Liefertag glattstellen. Das bedeutet, Sie verkaufen einen Kauf-Kontrakt oder kaufen einen Verkaufs-Kontrakt.

Laufzeit eines Futures

Es gibt vier Verfallstermine im Jahr:

- März-Kontrakt

- Juni-Kontrakt

- September-Kontrakt

- Dezember-Kontrakt

Verfallstag ist jeweils der dritte Freitag des jeweiligen Monats. Man spricht hier vom sogenannten „Großen Verfallstag" oder vom „Dreifachen Hexensabbat".

Wichtig: Immer vor jedem Verfallstag seine Position durch ein Gegengeschäft glattstellen. Dies wird den Daytrader in aller Regel wenig tangieren, da er jeden Tag mehrmals seine Position schließt.

Was versteht man unter Derivaten?

Wesentlich höhere Gewinnchancen, aber auch größere Risiken als etwa der Kauf von Aktien, Anleihen oder Gold bietet der Handel mit Futures und Optionen. Eine Besonderheit dabei ist, dass Sie damit auch auf den Fall von Aktien, Anleihen, Gold und anderen Geldanlagen spekulieren können.

Futures (auch CFDs) und Optionen werden als Derivate (Abkömmlinge) bezeichnet, weil beispielsweise eine Aktienoption oder der DAX-Future von der Kursentwicklung des Basiswertes, in diesem Fall einer bestimmten Aktie oder dem DAX, abhängen.

Wichtig: Ein Vorteil von Derivaten besteht darin, dass man auf die Kursentwicklung der Basiswerte spekulieren kann, ohne die Basiswerte selbst besitzen zu müssen. Deshalb ist der finanzielle Einsatz relativ gering.

Warum werden Derivate geliebt und gehasst?

Der Grund für den Kauf von Derivaten anstatt des entsprechenden Basiswertes ist der kleinere Kapitaleinsatz und, damit verbunden, die enorme Hebelwirkung. Die Derivate nehmen oft an der Preisentwicklung des Basiswertes in vollem Umfang teil. Bezieht man nun die Preisänderung der Derivate auf den geringeren Einsatz, erkennt man die enorme Hebelwirkung. Deshalb erhoffen Spekulanten einen erkannten Trend, zum Beispiel den Aufwärtstrend einer Aktie oder eines Indizes, mit Derivaten besser zu nutzen als etwa mit dem Kauf des Basiswertes.

Achtung: Neben der Fehleinschätzung ist der größte Gegner des Spekulanten die Zeit. Sowohl die Laufzeit der Optionen als auch die der Futures ist begrenzt. Deshalb muss beim Kauf von Derivaten die erwartete Entwicklung innerhalb der Laufzeit eintreten. Andernfalls ist das Geld für die Option oder der Einschuss für den Future verloren. Aktien oder Gold beispielsweise können Sie beliebig lange halten.

Futures

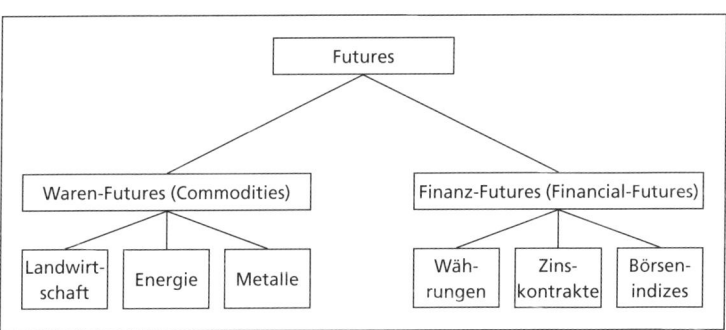

Aus jedem der sechs Bereiche der obigen Grafik seien einige Beispiele genannt:

1. Landwirtschaftliche Produkte:

   Schweinebäuche, Hafer, Weizen, Mais, Sojabohnen, Kaffee, Zucker etc.

2. Energiewirtschaftliche Produkte:

   Benzin, Rohöl, Heizöl etc.

3. Metalle:

   Kupfer, Gold, Platin, Silber etc.

4. Währungen:

   Dollar, Euro, Pfund, Schweizer Franken, Yen etc.

5. Zinskontrakte:

   T-Bonds, Deutsche Bundesanleihen, Japanese Bonds etc.

6. Börsenindizes:

   DAX, S&P 500, Dow Jones, Nikkei etc.

Daytrading mit Aktien oder Futures?

Grundsätzlich geeignet sind Derivate und Aktien. Jedoch sind Aktien für den schnellen Handel aus folgenden Gründen nicht zu empfehlen:

- zu hoher Kapitaleinsatz erforderlich

- kein Leerverkauf möglich

- Gewinne nur bei steigenden Kursen möglich

- hohe Kosten

- hoher Spread

- keine Abnahmeverpflichtung im Markt

Drei Beteiligte beim Daytrading

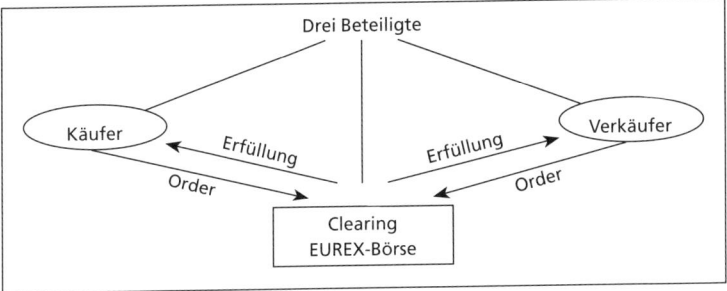

Vorteile beim Daytrading mit dem Future

- beiderseits verpflichtender Vertrag zwischen Käufer und Verkäufer

- beide stehen sich nicht direkt gegenüber

- Erfüllung aller Geschäfte durch Clearing-Stelle

- wesentlich geringerer Kapitaleinsatz

- damit verbundene hohe Hebelwirkung

- wesentlich weniger Kosten und Gebühren

- geringer Spread

- hohe Liquidität des Marktes

7

Weiterer Vorteil der Derivate: Man kann damit auch auf einen Kursverlust des Basiswertes spekulieren! Man spricht hier von sogenannten Leerverkäufen. Darunter ist zu verstehen, dass man die Basiswerte gar nicht besitzen muss. Daher ist nur ein sehr geringer finanzieller Einsatz erforderlich!

Handel mit dem DAX-Future

Die überwiegende Anzahl der Daytrader arbeitet mit dem DAX-Future. Die Gründe liegen auf der Hand und können komprimiert wie folgt aufgezählt werden:

- Der DAX ist ein rein deutscher Wert.

- Er beinhaltet die 30 größten Aktienwerte in Deutschland.

- Er umfasst alle wichtigen Branchen und schafft damit einen gewissen Risikoausgleich.

- Es ist eine hohe Liquidität im Markt.

- Dadurch ist die Volatilität, also die Schwankungsbreite, sehr hoch, was für den Daytrader ideal ist.

- Die wichtigsten Wirtschaftsnachrichten kommen aus Deutschland und sind in deutscher Sprache.

Der Punktwert beträgt 25 Euro.

Handel mit dem EURO STOXX 50-Future

In diesem BP Index sind die 50 wichtigsten Firmen in Europa integriert (z. B. Danone, Nokia). Dies bedeutet, dass ein weiterer Risikoausgleich gegeben ist, da mehrere länderspezifische Gegebenheiten mit einfließen. Aus diesem Grund läuft dieser Index etwas harmonischer als der DAX: Er hat nicht dessen hohe Schwankungsbreite und Volatilität. Das Volumen ist wegen der Internationalität sehr hoch, etwa sechsmal höher als im DAX. Für den Einsteiger ist der EURO STOXX 50-Future gut geeignet.

Der Punktwert beträgt nur 10 Euro.

Handel mit dem BUND-Future

Hierbei handelt es sich um einen Index, der auf einem Zinsinstrument aufbaut. Er wird hauptsächlich von institutionellen Anlegern gehandelt (Banken, Versicherungen, Fonds, Vermögensanleger). Daher ist der Kurs berechenbarer und keinesfalls so gefährlich in der Schwankungsbreite wie der DAX.

Der BUND-Future ist für den Anfänger sehr gut geeignet, da dieser nur das Wesen des Indexes und dessen spezifische Wirkungsweise kennen und verstehen muss (Näheres hierzu finden Sie in Kapitel 10).

Der Punktwert wird hier in Hundertstel gerechnet, mit jeweils 10 Euro pro 1/100 Punkt.

Handel mit CFDs

Diese erfreuen sich immer größerer Beliebtheit. Sie sind keine Termingeschäfte, weil sie keine Fälligkeit haben. Die Haltedauer ist nicht begrenzt.

Mit diesen CFDs (Contracts for Difference) handeln Sie auf Kursänderungen von Underlyings. Egal ob es sich um Aktie, Index, Rohstoff oder Anleihe handelt – der sich darauf beziehende CFD vollzieht dessen Kursveränderungen exakt 1 : 1 nach. CFDs eignen sich einerseits, um über die Hebelwirkung hohe Renditen zu erzielen oder andere Positionen zu hedgen, sprich abzusichern. Ein weiteres Argument ist es, um mit niedrigem Einsatz hohe Gewinne anzupeilen.

Im Prinzip ähnelt der CFD-Handel einem Aktiengeschäft. Bei einem Aktiengeschäft müssen Sie jedoch den vollen Gegenwert als Einstiegskapital aufbringen. Bei der Eröffnung einer CFD-Position wird lediglich ein Teil des Gesamtwertes als Sicherheit hinterlegt, die sogenannte Margin. In der Praxis handeln Sie zu einem Volumen, welches Ihr Kapital um das 20-fache und mehr übersteigt.

Es wird hierbei ähnlich wie beim Future auf Long- oder Shortpositionen von Aktien oder Indizes gesetzt. Die Differenz aus der Wertentwicklung des Underlyings ist dann der Gewinn oder Verlust.

Binäre Optionen:
Eine neue Handelsform revolutioniert den Börsenhandel

8

Was sind „Binäre Optionen"?

Darunter sind die neuesten und profitabelsten Finanzinstrumente zu verstehen, welche die Weltmärkte in den vergangenen Jahren erobert haben. Händler und Börsianer auf der ganzen Welt investieren immer mehr und häufiger in das System der binären Optionen, um den Portfolios mit minimalem Risiko Liquidität hinzuzufügen. Was für diese Experten gilt, trifft natürlich in abgespeckter Form auch für den börseninteressierten „Privatanleger/Trader" zu.

Wichtig: Auch uns erschließen sich dadurch neue und wesentliche Möglichkeiten, Gewinne aus dem Börsenhandel zu generieren. Und das sollte doch das Ziel all unserer Unternehmungen sein. Den Nervenkitzel, die Herausforderung, den Adrenalinschub oder die Selbstbestätigung, vielleicht besser zu sein als viele andere, gibt es unter Umständen gratis dazu.

Binäre Optionen kombinieren den analytischen Aspekt von Tagesgeschäften mit den lukrativen Eigenschaften von Optionsgeschäften. Dies schafft Ihnen die Möglichkeit, das Maximale aus den Profiten zu erzielen und dabei nur ein Minimum an Zeit und Kapital zu investieren. Sie sind ähnlich wie Futures Finanzwerkzeuge, die es Ihnen erlauben vorauszusagen, wie sich die Kurse innerhalb einer bestimmten Zeiteinheit entwickeln, ob sie steigen oder fallen. Der kürzeste Zeitraum einer solchen Option (ein in sich abgeschlossener Trade) umfasst 60 Sekunden.

Andere Zeiteinheiten sind möglich (30 Minuten/eine Stunde/ein Tag/ein Monat etc.). Sie müssen diese vorher genau festlegen, denn diese Definition bildet die Grundlage Ihres Trades.

Der Begriff „Binäre Optionen"

Binäre Optionen heißen deswegen so, da es nur zwei mögliche Ergebnisse Ihrer Investition gibt. Entweder ist Ihre Prognose richtig oder falsch. Dies ist auch der Grundsatz für alle Tätigkeiten an den Weltbörsen.

Der Handel mit binären Optionen

Einer der Hauptgründe dafür, dass sich der Handel mit binären Optionen so schnell etablieren konnte, liegt in der Einfachheit, mit der diese zu handeln sind. Wegen der essenziellen Wahl zwischen zwei Optionen sind die Systeme für das Handeln von binären Optionen derart aufgebaut, den Investitionsprozess möglichst einfach zu strukturieren.

Drei **Überlegungen** sind nötig:

1. Welches Produkt möchten Sie traden?

   Devisen = Währungspaare, Futures, Aktien, Rohstoffe, Edelmetalle etc.

2. In welche Marktrichtung möchten Sie handeln?

   steigend oder fallend, long call | short call | long put | short put

3. Welche Geldsumme investieren Sie in den Trade?

   Euro, Dollar, sonstige Währung

8

Wie kann ich binäre Optionen handeln?

Jetzt, da wir wissen, was binäre Optionen sind, stellt sich die nächste Frage: Wie kann ich diese handeln? Der praktische Handel (Trade) damit ist leicht, gestaltet sich einfach, lässt sich schnell erlernen und ist enorm profitabel. Wegen der hohen Beliebtheit dieser Art des Handels ist in den letzten Jahren eine große Anzahl von Brokerbanken entstanden, die extra zu diesem Zweck gegründet wurden oder die ihr Angebot um diesen Part erweitert haben.

Im Kapitel 14, „Hilfreiche Adressen", teile ich Ihnen einige dieser Anbieter mit. Weitere können Sie selbst über das Internet recherchieren. Die Registrierung dauert nur wenige Minuten.

Wichtig: Von Vorteil ist eine Demo-Software, auf der Sie vorab auf einem virtuellen Konto (ohne tatsächlichen Geldeinsatz) trainieren können. Dadurch werden Sie mit dem System und dem Ablauf vertraut, so dass Sie für den realen Handel besser vorbereitet sind.

Binäre Optionen beruhen auf Prognosen für den Marktpreis einer jeweiligen Anlage. Daher empfehle ich Ihnen, sich mit mindestens einer Anlageform (Aktie, Währung, Index) vertraut zu machen, so dass Sie sich sicherer fühlen können, wenn Sie eine Prognose (Ihre ersten Trades) erstellen.

Handelsmöglichkeiten leicht gemacht

In der Praxis wird es so sein, dass Sie sich mit mehreren Varianten befassen. Dies können zum Beispiel sein:

- Währungspaare:
  - USD./.Euro
  - USD./.Yen
  - Euro./.SFr
  - GBP./.USD

- Indizes:
  - DAX
  - Euro-Stoxx
  - Dow-Jones
  - Nasdaq

- Aktien:
  - Apple
  - Facebook
  - IBM

- Rohstoffe:
  - Edelmetalle (z. B. Gold)
  - Öl

usw.

Je nach Broker sind zwischen 100 bis 200 Handelsmöglichkeiten gegeben. Damit sollte für jeden Interessenten genügend „Futter" vorhanden sein.

Einfache Kontoeröffnung

Nachdem Sie mit dem System vertraut sind, eröffnen Sie bei der Brokerbank ein Konto auf Ihren Namen. Die Überweisung kann auf verschiedene Arten erfolgen. Der schnellste Weg ist, einen Übertrag von Ihrer Kreditkarte durchzuführen. Der Gegenwert ist innerhalb von Sekunden gutgeschrieben. In nur wenigen Minuten ist das gesamte Prozedere erledigt. Nun sind Sie bereit für Ihren ersten Trade!

Start: Der Handel kann beginnen

Sie haben beispielsweise das Segment „Währungen" gewählt. Man spricht hier vom Forexhandel. Dieser Bereich bewegt innerhalb der Börsen das größte Geldvolumen überhaupt. Daher ist eine Manipulation (Beeinflussung) des Marktes nur schwer vorstellbar. Nehmen wir an, Ihr Favorit ist das Währungspaar USD./.Euro.

Da Sie sich für einen „Kurz-Trade" entschieden haben, beträgt die Zeitachse nur 60 Sekunden. Jetzt müssen Sie die Richtung festlegen, in welcher Ihr Handel laufen sollte. Nachdem Sie Ihre Prognose getroffen haben, geben Sie den Betrag ein, den Sie investieren möchten. Ist dies erfolgt (noch bevor Sie die Investition bestätigen), wird die genaue Summe vom Ertrag (Gewinn) auf die binäre Option gezeigt. Dieser Aspekt ist sehr attraktiv, da Sie genau erkennen, wie viel Sie an jeder Investition verdienen können. Sie müssen nicht mehr schätzen, alles wird vorher festgelegt und fixiert. Sobald Sie sich entschieden haben, drücken Sie den „Kaufen"-Button und schon haben Sie in eine binäre Option investiert!

Gehen Sie long (call), so muss der Kurs des USD nach einer Minute zumindest um 1 Punkt höher sein als beim Einstieg. Ist Ihre Richtung short (put), tritt genau der gegenteilige Effekt ein: Der USD muss mindestens um 1 Punkt niedriger sein als beim Einstieg. War Ihre Prognose richtig, so haben Sie einen Gewinn von etwa 75 bis 85 Prozent auf Ihr eingesetztes Kapital verdient (bei 10 Euro = 8,50 Euro | bei 20 Euro = 17 Euro | bei 100 Euro = 85 Euro). Der Gewinn orientiert sich nach der Art der getätigten Option.

War Ihre Einschätzung jedoch falsch, ist Ihr Einsatz verloren. Ist der Wert nach Ablauf der Option nach 60 Sekunden exakt gleich hoch wie beim Start, so haben Sie weder gewonnen noch verloren.

Erfolgreiche Handelstaktiken für Ihre Trades

Hier möchte ich einige Grundtaktiken aufführen, die es Ihnen ermöglichen, schnell und relativ sicher mit einem überschaubaren Risiko auf diesem Weg Geld zu verdienen.

Der 60 Sekunden-Trade

Beim Call-/Put-Handel von binären Optionen spekuliert der Trader darauf, dass der Kurs steigt oder fällt. Er kauft die entsprechende Option und gewinnt, wenn das gewünschte Ereignis eintrifft. Abgerechnet wird hierbei zum Laufzeitende der binären Option. Was zwischendurch passiert, ist für den Gewinn oder Verlust gleichgültig. Der Kurswert muss zum Ende der Zeitspanne mindestens 1 Punkt höher sein (oder niedriger, je nach Richtung) als der Einstiegspreis.

Der 30 Minuten-Trade/1 Stunde-Trade

Hier erfolgt die gleiche Prognose wie oben, jedoch für einen längeren, frei gewählten Zeitpunkt.

One-Touch-Handel

Dabei spekuliert der Trader darauf, dass eine Kursgrenze einmalig berührt wird. Was danach geschieht, ist wiederum ohne Bedeutung. Der Kursverlauf kann anschließend weiterlaufen oder in die vorherige Range zurückkehren. Sollte dieses Ereignis während der Laufzeit der binären Option eintreten, gewinnt der Trader. Sein Gewinn fällt bei dieser Variante höher aus, da er auch einem höheren Risiko unterliegt.

Double-Touch-Handel

Diese Variante wird ebenfalls von sehr vielen Brokern angeboten. Hierbei wird prognostiziert, dass eine Kursgrenze zweimalig berührt wird. Was danach geschieht, ist wiederum gleichgültig (s. oben, unter „One-Touch-Handel"). Der Trader gewinnt in diesem Fall mehr, da er ein noch höheres Risiko eingegangen ist.

Fazit: Eine binäre Option können Sie nicht erwerben. Im Endeffekt wird nur auf den Basiswert (das Underlying) gewettet. Die entscheidende Frage lautet: Fällt der Kurs oder steigt er? Und wenn ja, in welchem Zeitraum? Somit können Sie nur auf kurz-, mittel- oder langfristige Kursentwicklungen der binären Optionen setzen. Wer also Geld verdienen will, sollte nicht nur die Märkte kennen und laufend beobachten, sondern auch die Zeitdauer einschätzen können, in welcher eine Kursänderung möglich ist.

Wie profitiere ich von binären Optionen? 8

Hinweis: Sie sollen, nein, Sie müssen daraus auch Ihren Nutzen ziehen, ansonsten ist Ihr Daytrading nicht von langer Dauer. Sinn und Zweck dieser Tätigkeit ist es ja gerade, an der Börse mit den genannten Finanzinstrumenten Geld zu verdienen. Weshalb sollten Sie sonst Zeit, Nerven, Geld (und nicht zu wenig Adrenalin) investieren? Sie erwarten davon zu Recht einen entsprechenden Gegenwert, welcher langfristig höher sein muss als jener Ertrag, den Sie bei alternativen Anlageformen erhalten (ohne diesen Aufwand).

Auch bei binären Optionen wird Ihnen nichts geschenkt. Ohne Fleiß kein Preis! Talent oder eine besondere Begabung für diese Art der Tätigkeit haben nur sehr wenige Menschen. Hinzu kommt Arbeit, dauerndes Lernen und vor allem eine Portion Erfahrung. Daraus folgt wiederum ein Gespür für die Märkte, die Marktstimmung (Sentiment) und die Einschätzung besonderer Situationen.

An den Börsen wiederholen sich viele solcher Situationen. Schon immer gab es gute und schlechte Nachrichten, Aufwärts-

und Abwärtstrends, besondere technische Anzeichen wie den Durchbruch von Widerstands-Unterstützungslinien oder den Ausbruch aus einer Flaggen- oder Dreiecksformation. Jeden Tag, jede Woche, jeden Monat und jedes Jahr gibt es immer wieder Möglichkeiten, vertraute Muster zu finden und damit entweder bei steigenden oder fallenden Kursen an den Börsen Geld zu verdienen.

Vieles, ich möchte sagen, fast alles hängt von Ihrer Einstellung und Ihren weiteren Fähigkeiten ab.

Checkliste:

- Haben Sie in der vergangenen Woche die Nachrichten verfolgt?

- Wissen Sie über die aktuellsten Wirtschaftsnachrichten Bescheid?

- Ist Ihnen bekannt, wann welche wichtigen Nachrichten anstehen und über die Ticker kommen?

- Haben Sie Ihre Hausaufgaben in Bezug auf die technische Analyse Ihres Handelsgutes gemacht?

Es ist leicht verständlich, dass gerade dieses „News" das Kurzzeitmarktgeschehen (speziell bei den binären Optionen) sofort beeinflussen und Marktreaktionen nach sich ziehen. Aus diesem Grund sind sie ja auch so profitabel.

Das Profitpotenzial der binären Optionen ist einer der Hauptgründe für deren Explosion in der Beliebtheit von Anlegern aller Schattierungen.

Weshalb sind binäre Optionen so beliebt?

Kurz gesagt: Wegen der Leichtigkeit, mit der man in sie investieren kann. Das geht schnell, ist einfach, man wählt einen sehr kurzen oder auch einen längeren Zeitraum, ein möglicher Gewinn wird vorher festgelegt und es existieren nur zwei Richtungen.

Die Chancen stehen deshalb vom Ausgangspunkt her genau gleich. Sie jedoch verfügen über weitere Parameter, welche die Gewinnmöglichkeiten für Sie verbessern können.

Checkliste: Was spricht für Sie persönlich?

- Sie können die Börse bestimmen (Deutschland Xetra oder Eurex, USA, Japan) usw.

- Sie legen das Börsensegment fest (Aktien, Devisen, Währungen, Indizes, Rohstoffe etc.).

- Der Einstiegszeitpunkt ist frei wählbar (gute Nachrichten, schlechte Marktstimmung, Tagestrend aus Vorbörsen ersichtlich (Nikkei, HangSeng, Futures in den USA etc.).

- Es steht Ihnen frei, nur bei bestimmten Szenarien zu traden (z. B. bei wichtigen News, da Sie diese Termine kennen).

- Es ist Ihre Entscheidung, die Höhe des Investments zu bestimmen (gemäß Ihrem Tradingplan und Kapital).

- Sie haben die technische Analyse (Candlesticks, Charts, Indikatoren mit Ein- und Ausstiegssignalen zu Ihrer Unterstützung).

- Ihr wichtigster Vorteil: Sie bestimmen die Richtung des Trades!

8

Fazit: Dieses Instrumentarium, richtig verstanden und angewandt, müsste die Chancen vom Start 50 : 50 wesentlich zu Ihren Gunsten verbessern!

Auch Händler lieben binäre Optionen und deren Leichtigkeit, denn sie sind einfach zu handeln. Die Zeiten komplizierter Handelssysteme sind vorbei.

Binäre Optionen: Wichtige Hilfsmittel

Die Brokerbanken bieten für diese Art von Trading spezielle Chartmodule an. Diese zeigen jedoch nur einen begrenzten Ausschnitt aus dem Kursverlauf eines Tages. Sie ersehen daraus nicht den Chartverlauf des gesamten Tages, des Vortages, ggf. der Woche oder des Monats. Weiterhin können Sie keine zusätzlichen Hilfsmittel in den Chart einfügen, wie etwa Widerstands- oder Unterstützungs- bzw. Trendlinien. Ebenso fehlen Ihnen die wichtigen Indikatoren beziehungsweise Oszillatoren (z. B. RSI, Bollinger, Wilder, MACD, Momentum, Stochastik usw.).

Sie erhalten in der Regel nur einen Linienchart, der jedoch, wie Sie wissen, in der Aussagekraft „sehr bescheiden" ist. Sie benötigen für diese Art des Handels einen „Candlestick-Chart", da dieser eine wesentlich höhere Aussagekraft besitzt und Sie damit in Ihrer Entscheidung sicherer macht, vor allem auch in Bezug auf die so wichtigen Einstiegssignale.

Praxis-Tipp:

Ich empfehle Ihnen daher dringend, sich vorab ein professionelles Chartprogramm zu besorgen, welches Ihnen Ihre Favoriten (die Wertpapiere, welche Sie handeln möchten, sprich: Aktien, Devisenpaare, Indizes, Rohstoffe etc.) in Echtzeit und mit den o. g. Parametern liefert. Optimal wäre noch ein Nachrichtenticker, welcher Sie laufend mit den wichtigsten Börsennews versorgt.

Bei einem 60 Sekunden-Trade können Sie sich selbst vorstellen, dass diese enorm wichtig sind und maßgeblich die Chartrichtung beeinflussen. Arbeiten Sie hier mit den üblichen 15 Minuten verspäteten Nachrichten, so werden Sie oftmals nur Zweiter bleiben. Bei jedoch nur zwei Beteiligten macht dies keinen richtigen Spaß und Sinn!

Gerne bin ich bereit, Sie bei Fragen hier individuell zu beraten bzw. zu unterstützen. Meine Kontaktdaten finden Sie am Ende des Buches.

8

Sie erinnern sich: Zur Grundausstattung eines guten Traders sollten mindestens zwei Bildschirme gehören.

■ Am **Bildschirm 1** läuft das Handelsprogramm mit Ihrer Brokerbank.

■ Am **Bildschirm 2** sehen Sie in Echtzeit den Chart mit den für Sie individuell eingestellten Informationen sowie den Nachrichtenticker.

Mit dieser Ausstattung sind Sie bestens gerüstet.

Wichtig: Viele Broker werben damit, dass der teilweise sehr einfache Handel mit den binären Optionen auch von einem Smartphone aus möglich ist. Dies wird sicherlich richtig sein. Ob er jedoch auch sinnvoll und erfolgsorientiert ist, bitte ich Sie selbst zu entscheiden.

Trading-Anleitung

Ich nehme an, Sie kennen diese Situation bereits von anderen Aktivitäten an der Börse. Ab jetzt wird diese Problematik Ihr ständiger Begleiter sein bei allem, was Sie im Zusammenhang mit Trading tun.

8

Phase A (für den Anfang/Einstieg)

Sie haben Ihren Candlestick-Chart (Einzelheiten dazu in Kap. 9) und stellen dort zusätzlich einen Indikator ein, nämlich die sogenannten Bollinger Bänder. Wenn dabei der Kursverlauf die Bollinger signifikant durchstößt, so könnte dies ein Zeichen sein, einen Trade in die konträre Richtung zu setzen. Werden die Bänder nach oben durchbrochen, bedeutet dies einen übergekauften Markt (über eine short Position sollte nachgedacht werden). Erfolgt der Durchbruch nach unten, so ist der Markt überverkauft (ein gutes Signal für eine Long-Position).

Als zusätzliche Bestätigung können Sie beispielsweise noch den RSI (Relative-Stärke-Index) mit dazu schalten. Dieser misst die innere Stärke eines Trends. Die Interpretation ist analog: Zeigt der Wert über 75 an, ist der Markt übergekauft; liegt der Wert unter 25, ist der Markt überverkauft.

Phase B (für Fortgeschrittene)

So oder ähnlich könnte dann für Sie ein Trading-Tag oder ein Teilbereich davon aussehen. Auch in diesem Segment ist es ähnlich wie bei jeder anspruchsvollen Tätigkeit. Sie müssen sich entsprechend vorbereiten, um Ihre Arbeit gut und erfolgreich verrichten zu können.

1. Tagesvorschau erarbeiten (Vorbereitungsphase)

- News und wichtige Nachrichten auswerten und durchdenken

- Schlusskurse des Vortages zusammenfassen (USA-Börsen, Nikkei und Hang Seng)

- Versuchen Sie, die heute vorherrschende Marktstimmung zu ergründen (Long/Short oder Seitwärtstendenz).

- Bilden Sie sich eine Tagesmeinung und handeln Sie danach (öfter die aktuelle Richtigkeit hinterfragen).

- Die gewählte Stoßrichtung muss der überwiegenden Anzahl der gemachten Trades entsprechen (anders wäre es Unsinn!).

2. Kurzzeitmeinung bilden (für den nächsten Trade/für den Zeitraum von einer bis 30 Minuten)

- Jeder Trade sollte vorher sorgfältig geplant und überlegt gesetzt werden.

- Nur Anfänger handeln ungeplant und primär emotional bedingt.

- Checking:

    – Wann setze ich meinen nächsten Trade?

    – Weshalb? (durchbrochene Widerstands- oder Unterstützungslinien, Ausbruch aus Formation, Signal durch Candlesticks wie Doji, Hammer, Shooting-Star, Bestätigung durch Indikatoren/Oszillatoren)

    – In welche Richtung erfolgt der Trade (s. obige Ausführungen)?

3. Einstiegssignale

Signifikante Einstiegssignale zu finden, ist eine der schwierigsten Aufgaben beim Trading. Meiner Einschätzung nach hat sich das Trading-Verhalten in den letzten Jahren wesentlich verändert. Primär wird immer größerer Wert auf das News- oder Nachrichten-Trading gelegt, das heißt es wird das aktuelle Marktsentiment zu Recht favorisiert. Die reine technische Analyse gerät dadurch etwas in den Hintergrund.

Beim Erkennen und Umsetzen signifikanter Einstiegssignale ist zusätzlich nach Art und Eigenschaft des Traders zu unterscheiden (risikofreudig oder konservativ).

4. Nach Übereinstimmungen suchen

Einen Trade sollten Sie nicht eingehen, weil Ihnen im Moment danach ist oder weil Sie Langeweile haben, auch nicht, weil gerade schönes Wetter herrscht, Sie ein gutes Frühstück erhalten haben, Sie heute noch kein Kunde gereizt hat oder Sie mit Ihrer besseren Hälfte noch keinen Zoff hatten.

Als kühl agierender Trader sollten Sie nur vorher wohl überlegte Trades in geeigneten Marktsituationen setzen!

Voraussetzungen:

Neutral: News/Nachrichten gezielt suchen und auswerten oder auf eine geeignete Nachrichtenlage bewusst warten (erfolgt oft mehrmals täglich).

P 1 Zeigen sich diese Erwartungen auch im Chart (nur dann sind sie relevant)?

P 2 Erfolgt eine weitere Bestätigung seitens der Candlesticks (Form, Anordnung, Ausprägung)?

P 3 Wurde eine Unterstützungs-/Widerstandslinie durchbrochen, eine Trendlinie oder ein Trendkanal verlassen?

P 4 Bestätigt mein Indikator (MACD, Stochastik, Bollinger, RSI) zusätzlich diese Signale?

P 5 Wird ein Trend von höherem Marktvolumen unterstützt?

Wichtig: Einen Trade können Sie mit hoher Trefferwahrscheinlichkeit eingehen, falls Ihre Parameter von P1 bis P 5 übereinstimmen. Grundvoraussetzung sollte jedoch eine Übereinstimmung von P1 bis P3 sein, ansonsten vergessen Sie den Trade und warten eine geeignetere Situation ab.

Fazit: Es werden sicherlich nicht in allen Fällen bei jedem Trade die fünf Parameter übereinstimmen. Daher können in Einzelfällen die Parameter P4 und/oder P5 vernachlässigt werden, was jedoch zu einer höheren Trefferunsicherheit/Risiko führt!

Wie bereite ich meine Handelsentscheidungen vor?

9

Fundamentalanalyse

Elementar für den Erfolg an den Börsen ist eine umfassende Marktkenntnis, das heißt die Einschätzung der jeweiligen Situation und daraus folgend die Prognose für die Zukunft. Sie ist jedoch auf längere Zeiträume ausgelegt und für das schnelle Geschäft eines Daytraders nicht geeignet.

Für die Fundamentalanalyse gilt grundsätzlich:

- Sie verfolgt das Ziel, die Auswirkung fundamentaler Einflussfaktoren auf Kursentwicklungen zu analysieren (mögliche Angebots- und Nachfrageverschlungen) und durch einen Vergleich des aktuellen Preises mit einem fundamental als „fair" angesehenen Preis (z. B. innerer Wert bei Aktien, Kaufkraftvergleich bei Währungen) Über- und Unterbewertungen feststellen zu können.

- Sie bedient sich sehr stark der quantitativen Analyse.

- Sie ist zu Timingzwecken ungeeignet.

9 Technische Analyse

Sie betrachtet das Verhalten der Marktteilnehmer und deren Einschätzung der aktuellen Situation. Das psychologische Verhalten der Anleger ist zu ergründen und entsprechend umzusetzen. Welche Ängste und Erwartungen könnten vorhanden sein, und wie werden sich diese auswirken?

Der Analyst arbeitet daher hauptsächlich mit dem Chart. Daraus kann er das Wesentliche entnehmen. Der faire Wert einer Aktie oder eines Unternehmens ist hierbei nicht wichtig. Die technische Analyse ist hautnah am Markt und kann daher jede Veränderung des Anlegerverhaltens sofort am Chart erkennen.

Vorteile und Wirkungsweise der technischen Analyse:

- Sie baut im Wesentlichen auf den verschiedenen Trendfolgemethoden auf.

■ Sie soll helfen:

– optimale Ein- und Ausstiegssignale zu erkennen

– das Risiko zu minimieren

– Gewinne weiterlaufen zu lassen

– eine bessere Auswahl von Aktien treffen zu können

– Trends und deren Stärke auszumachen

– Trendumkehrsignale frühzeitig zu erkennen

Candlestick-Charts

Die Candlestick-Charttechnik findet ihren Ursprung in Japan und trägt den Kurs des beobachteten Produktes über die Zeitachse auf.

In der Darstellungsart wird generell zwischen weißen und schwarzen Kerzen unterschieden.

Für das Daytrading empfehle ich dringend die Verwendung dieses Charts. Daraus können Sie den höchsten Informationsgehalt entnehmen und diese Erkenntnisse in Ihre Handelsentscheidungen einbeziehen.

9

Candlestick-Charttechnik

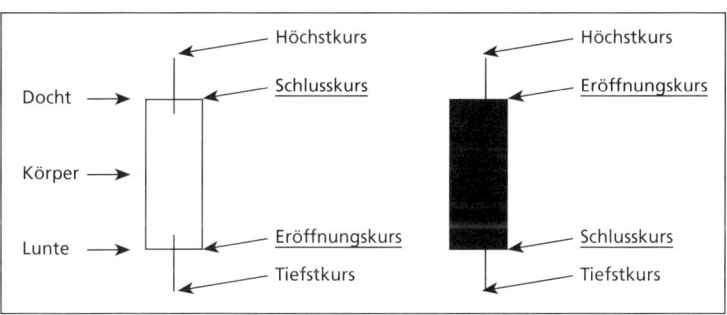

Zum besseren Verständnis für den interessierten Leser möchte ich einige Grundmuster möglicher Candlestick-Formationen aufzeigen und diese kurz erläutern.

Eine Unterscheidung zwischen weißen und schwarzen Kerzenkörpern erleichtert die Bedeutung und Interpretation des Chartmusters. Sehr häufig treffen für spiegelbildlich entgegengesetzte Formationen und Färbungen auch die jeweils konträren Kursprognosen zu.

Grundmuster und deren Interpretation

Long white body

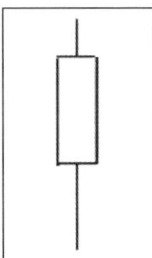

Diese Kerzenform zeigt einen steigenden Kursverlauf in einer bestimmten Zeiteinheit an. Dies kann eine Minute, Stunde, Woche oder ein Monat sein, je nachdem, welches Zeitintervall Sie eingestellt haben. Die beiden Schatten (oben kurz, unten lang) zeigen, dass dieser Kurs sich auch im oberen Bereich des Beobachtungszeitraumes befindet.

Long black body

Diese konträre Kerzenform zeigt einen fallenden Kursverlauf in einer bestimmten Zeiteinheit an. Die beiden Schatten (oben lang, unten kurz) zeigen, dass sich der Kurs innerhalb des Beobachtungszeitraumes im unteren Bereich befindet.

Hausse-Kerzen

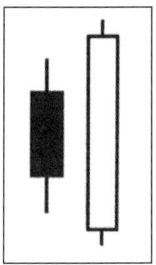

Nach einer kürzeren schwarzen Kerze folgt eine längere weiße. Wenn Sie diese Formation nach einem starken Abwärtstrend beobachten, können Sie aller Wahrscheinlichkeit nach mit steigenden Kursen rechnen. Die weiße Kerze muss allerdings größer sein als die schwarze und diese eindeutig umhüllen – oben und unten erheblich länger sein (Bullish engulfing lines).

Baisse-Kerzen

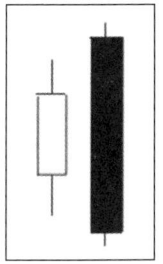

Die genau konträre Formation zeigt eine lange schwarze Kerze, die einer kürzeren weißen nachfolgt und diese ummantelt. Zu dieser Formation kommt es nach einem starken Aufwärtskurs (Bearish engulfing lines).

9

Hanging Man

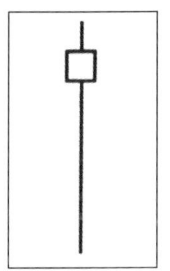

Beim sogenannten hängenden Mann, „Hanging Man", hängt an einem sehr kurzen Kerzenstummel eine lange Lunte (daher der prägnante Name). Dies signalisiert sehr oft eine Trendumkehr. Im Besonderen dann, wenn diese Form sich nach einem starken Aufwärtstrend ausbildet.

Die Ausprägung dieser Figur zeigt, dass nur eine geringe Differenz zwischen Anfangs- und Schlusskurs vorlag. Die Lunte drückt aus, dass die Shortys bereits sehr aktiv waren. Jedoch war ihr Einfluss zu diesem Zeitpunkt noch nicht so bestimmend, um den negativen Trend während des Beobachtungszeitraumes bis zum Ende durchzuhalten oder zu bestimmen.

Zeichnet sich anschließend im Chart eine durchgefärbte Baisse-Kerze ab, kann darin eine Bestätigung von zu erwartenden Kursrückgängen gesehen werden. Prägnant ist bei diesem „Hanging Man" der nur sehr kurze Docht nach oben.

Hammer

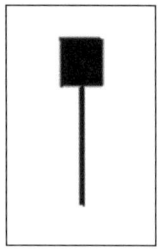

Fehlt dieser Docht an der Kerze, so sieht der „Hanging Man" genauso aus wie ein „Hammer". Diese Abbildung wird in der Weise interpretiert, dass während des Beobachtungszeitraumes die Optimisten den Markt beherrscht haben. Der lange, nach unten hängende Schatten zeigt, dass Pessimisten den Kurs während des Beobachtungszeitraumes nach unten getrieben haben. Der Schlusskurs jedoch liegt beträchtlich über den Tiefstkursen, und zwar umso mehr, je länger der Schatten herunterhängt. Entscheidend für die Börsentendenz ist der höhere Schlusskurs, nämlich die untere Begrenzung des Kerzenkörpers. Dessen dunkle Zeichnung sagt lediglich aus, dass der Kurs gegenüber dem letzten Beobachtungszeitraum noch weiter gesunken ist. Dies ist aber für den interessierten Spekulanten bereits Vergangenheit. Folgt im Anschluss daran eine weiße Kerze, die steigende Kurse signalisiert, so ist dadurch die Formation des „Hammers" bestätigt.

Um Verwechslungen vorzubeugen, müssen Sie die Charts genau beobachten. Der „Hammer" hat nämlich keinen nach oben gerichteten Dochtstummel wie der „Hanging Man". Im Unterschied zu diesem kamen während des Beobachtungszeitraumes keine Kursausbildungen zustande, die über den Anfangs- beziehungsweise den Schlusskursen lagen.

9

Shooting Star

Das Gegenstück des „Hammers" stellt der „Shooting Star" dar. Dabei ist der Kerzenkörper ebenfalls relativ klein. Der Docht ist prägnant und relativ lang. Es gibt keinen nach unten hängenden Schatten. Diese Formation drückt aus, dass eine optimistische Stimmung vorgeherrscht hat und es gelungen ist, Kurssteigerungen zu erzielen. Aber der Schlusskurs des Betrachtungszeitraumes liegt deutlich tiefer als der obere Rand des kurzen Kerzenkörpers, der daher gefärbt ist. Dies kann als Trendumkehrsignal gedeutet werden.

Noch deutlicher wird die Aussagekraft dieser Formation, wenn sie von sogenannten Gaps begleitet werden. Darunter versteht man Kurslöcher, die zwischen den Oberkanten der vorangehenden und den nachfolgenden Kerzen und der unteren Begrenzung der „Shooting Star"-Kerze auftreten.

Hanging Man

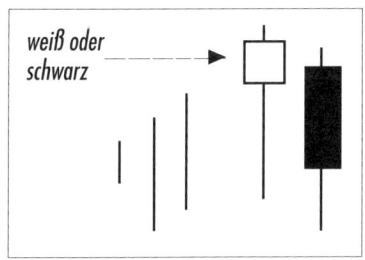

weiß oder schwarz

Tritt diese Formation in einen deutlichen Aufwärtstrend, signalisiert sie eine Topbildung. Der „Hanging Man" hat einen kleinen Kerzenkörper (weiß oder schwarz) und einen unteren Schatten, der doppelt so lang wie sein Körper sein sollte. Optimal wäre kein beziehungsweise nur ein äußerst geringer oberer Schatten. Weiter ist wichtig, dass die nachfolgende schwarze Kerze die negative Bestätigung unterstreicht, das heißt, dass sie mit dem Schlusskurs unter dem Körper des „Hanging Man" liegt. Der lange untere Schatten zeigt einen zunehmenden Verkaufsdruck. Die kleine Kerze weist darauf hin, dass die Kraft der Optimisten nachlässt.

Shooting Star

Der „Shooting Star" zeigt das Ende einer Aufwärtsbewegung an und übernimmt sozusagen eine Frühwarnfunktion. Bei dieser Formation liegen Eröffnungs-, Tiefst- und Schlusskurs eng beieinander. Idealerweise befindet sich zwischen dem „Shooting Star" und der vorherigen Kerze noch ein Gap. Bedeutsam ist, dass die Bestätigung für eine Trendwende erst mit einer deutlich schwächeren Börsensitzung am nächsten Tag vorliegt.

Morning Star

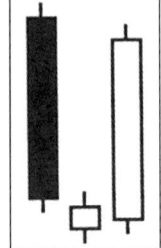

Beim Chartmuster des Morgensterns („Morning Star") liegt die kleine Kerze unter den beiden anderen, wobei die linke schwarz und die rechte weiß ist. Für die Interpretation ist es wichtig, dass diese Formation nach einer Abwärtsbewegung auftritt.

9

Evening Star

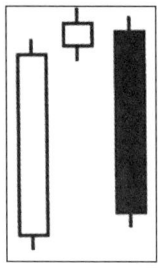

Als Abendstern („Evening Star") wird die gegenteilige Formation bezeichnet: Einer tiefergelegenen weißen Kerze folgt eine höherliegende schwarze. Dazwischen befindet sich über den beiden langen Kerzen eine kurze weiße oder schwarze Kerze. Dieses Muster zeigt eine Gipfelbildung, sofern es nach einem Aufwärtstrend zu beobachten ist.

Doji-Stern „bullish"

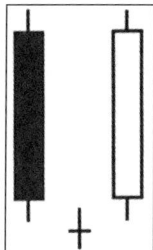

Zwischen den beiden langen Kerzenkörpern entsteht ein sogenanntes „Doji"-Kreuz. Mit einer Kurssteigerung kann gerechnet werden, wenn der „Doji" unter den beiden langen Kerzenkörpern liegt, wobei der rechte Kerzenkörper weiß und der linke schwarz sein muss.

Doji-Stern „bearish"

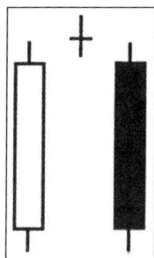

Konträr: Der „Doji" befindet sich oben, wobei die linke Kerze weiß und die rechte Kerze schwarz sein muss. Dies könnte ein Ende eines vorherrschenden Aufwärtstrends anzeigen. Wichtig für die Interpretation ist, dass beide Kerzen jeweils etwa gleich lang sind und in gleicher Höhe stehen.

9

Identical Three Soldiers

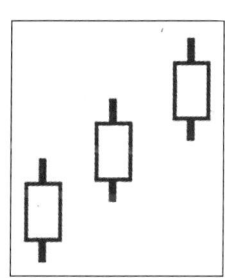

Diese Formation ist eine Reihe von drei weißen Candlesticks, die eine Pause in einem Aufwärtstrend anzeigen.

Bitte verwechseln Sie diese Formation nicht mit der „Three White Soldiers".

Identical Three Crows

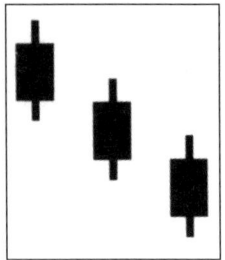

Bei dieser Formation ist der jeweilige Eröffnungskurs mit dem Vortagesschluss nahezu identisch. Sie gilt als Hinweis auf einen Ausverkauf, der zumindest vorläufig das Ende einer Abwärtsbewegung einläutet.

Bitte verwechseln Sie diese Formation nicht mit der normalen „Crow"-Formation „Three Black Crows".

Bullish Belt Hold

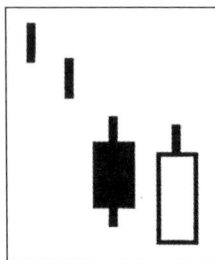

Dabei steht ein weißer Candlestick gegen den bisherigen Abwärtstrend. Wichtig ist, dass der Eröffnungskurs gleichzeitig auch das Tagestief darstellt. Ab diesem Zeitpunkt erholen sich die Kurse und schließen nahe beim Tageshoch.

Je größer die weiße Kerze ist, desto wahrscheinlicher erfolgt eine Trendumkehr. Eine Bestätigung des nächsten Tages sollte abgewartet werden.

Bearish Belt Hold

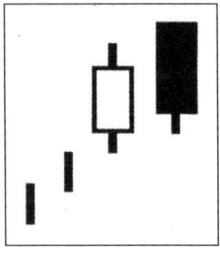

Bei den beiden Formationen ist es aussagekräftiger, wenn die Kurse in der Bewegung des jeweiligen bestehenden Trends eröffnen und anschließend erst im Laufe des Börsentages die konträre Richtung einschlagen.

Eine Bestätigung des nächsten Tages sollte man abwarten.

Two Soldiers

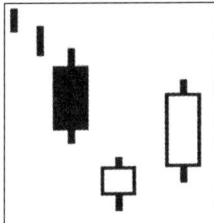

Innerhalb eines Abwärtstrends kommt es am letzten Ende oftmals zu einem Exhaustion-Gap. Eine weitgehende Bestätigung als Trendumkehrsignal erhält dieses Gap dann, wenn es in den folgenden Tagen durch die Formation „Two Soldiers" geschlossen wird.

Two Crows

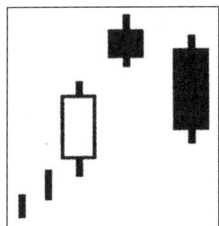

Diese Formation hat eine gute Aussagekraft und kommt relativ häufig vor. Hier sind zum letzten Mal die Optimisten aktiv geworden. Jedoch wurden sie innerhalb von zwei Tagen eines Besseren belehrt.

Three White Soldiers

9

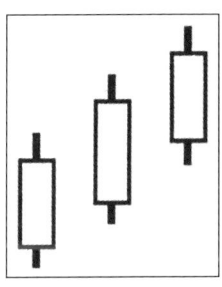

Diese Formation besteht aus drei langen weißen Kerzen. Wichtig ist, dass jede der Kerzen innerhalb des Körpers vom Vortag ihren Eröffnungskurs hat. Anschließend steigt der Tageskurs über den Schlusskurs des Vortages und schließt jeweils nahe beim Tageshoch.

Dieses Chartmuster wird als äußerst bullish bewertet.

Three Black Crows

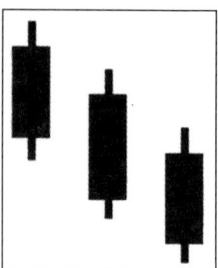

Die Aussagekraft ist hierbei in konträrer Form zu interpretieren.

Beide Chartmuster deuten auf einen Wechsel des bisherigen Trends hin. Besonders nach einer Konsolidierungsphase taucht diese Formation auf, wenn der neue Trend an Kraft gewinnt.

Praxis-Tipp:

Diese Deutungen sind Grundmuster der Candlestick-Analyse mit allen entsprechenden Vorbehalten. Für das Daytrading sind diese Muster nur sehr bedingt anwendbar, weil die Zeitintervalle oft nur Minuten betragen und dies für eindeutige Prognosen zu kurz ist. Für den Positions- oder Over-Night-Trader, der auch länger im Markt ist, steigt die Aussagekraft entsprechend. Die genannten Interpretationen sollten vor einer Handelsentscheidung mit weiteren Indikatoren und Hilfsmitteln geprüft werden.

9

Indikatoren

Der Daytrader muss vor seiner Handelsentscheidung erst eine Reihe von Checks durchführen, ähnlich wie ein Flugzeugpilot, ehe er sich zum Tagesgeschehen eine Meinung bilden kann.

Neben der Prüfung des vorausgegangenen Börsentages, dem bereits erfolgten Handel in Fernost, den eventuell heute anstehenden wichtigen Börsenterminen, national und international, ist es grundsätzlich wichtig zu entscheiden, mit welchen Indikatoren man persönlich arbeiten möchte.

Wichtig: Mehrere Spezialfirmen bieten innerhalb ihres Angebotes Analyseprogramme an, die Sie nutzen können und in denen die wichtigsten und anerkanntesten Indikatoren bereits enthalten sind. Sie müssen dann keinerlei Schreib- oder Rechenaufgaben mehr erledigen, das Handelssystem übernimmt diese Aufgabe für Sie.

Innerhalb von Sekunden wird Ihnen die gewünschte Information angezeigt beziehungsweise befinden sich die verschiedenen Trendlinien der Indikatoren laufend auf Ihrem Bildschirm.

Diese Art der Handelsunterstützung empfehle ich sehr, da es Handelsentscheidungen erleichtert und festigt. Vorteilhaft bei den guten Systemen ist, dass die wichtigsten Indikatoren bereits fest vorgegeben sind und damit eine gute Arbeitsgrundlage geschaffen ist. Der professionelle Trader kann sich die Indikatoren individuell erstellen und das System für sich optimieren.

Darunter ist zu verstehen, dass Sie damit die letzten Handelstage und nach Ablauf auch den jeweiligen Handelstag daraufhin überprüfen können, wie hoch die Trefferquote (die Anzahl der richtigen Trades) bei dieser Systemeinstellung war. Ein Wert von etwa 70 Prozent ist anzustreben. Mit dieser Optimierung können Sie dann einige Tage arbeiten, bis Sie diese erneut anpassen müssen.

Praxis-Tipp:

Arbeiten Sie nicht mit zu vielen Indikatoren, da sonst der Chart unübersichtlich wird und ein schnelles Handling erschwert. Eine Anzahl von zwei bis drei Indikatoren ist völlig ausreichend.

9

Es gibt eine große Anzahl von Indikatoren, woraus ich nur die nach meiner Meinung wichtigsten aufzählen und kurz skizzieren möchte:

Moving Averages

Darunter versteht man gleitende Durchschnitte. Diese gehören zu den wichtigsten und am häufigsten verwandten Indikatoren. Diese gleitenden Durchschnitte (GDs) können mit den verschiedensten Ansätzen berechnet werden und sind daher weit einsetzbar.

Mit der Bezeichnung wird bereits die Eigenschaft von GDs ausgedrückt. Über einen bestimmten Zeitraum (Jahre, Monate, Tage oder Minuten) wird ein Mittelwert der Kurse berechnet. Mit jeder eingestellten Zeiteinheit und damit neuem Kurs verändert sich der Wert. Dies geschieht in der Art und Weise, dass jede neue Berechnungseinheit (z. B. Handelstag) neu in den Durchschnitt mit aufgenommen und die älteste Einheit aus der Berechnung entfernt wird.

Da aufgrund dieser Art der Berechnung der Mittelwert daraus dem Trend folgt, ist der GD der einfachste und damit auch wichtigste aller Trendfolge-Indikatoren.

Gewichteter GD

Für Sie als Daytrader ist die kurze Zeiteinheit entscheidend.

Daher kommt dem gewichteten GD noch mehr Bedeutung zu. Dabei werden alle Kurse mit einem Gewichtungsfaktor versehen, wobei die aktuellen Kurse höher gewichtet werden. Dies ist maßgebend, weil beim Daytrading die kurzfristige Trendentwicklung elementar wichtig ist.

Je nachdem, mit welchen Zeitreihen Sie arbeiten, wird das Ergebnis unterschiedlich sein.

Grundsätzlich zeigt ein aufwärts gerichteter GD einen Aufwärtstrend an. Bei umgekehrten Vorzeichen gilt dies entsprechend. GDs mit kürzeren Berechnungszeiten zeigen ein neues Trendsignal schneller an.

Als Standardinterpretation gilt der Schnitt des GDs mit dem zugrunde liegenden Kursverlauf. Ein Schnittverlauf von unten nach oben ist ein Kaufsignal, ein Schnitt von oben nach unten ein Verkaufssignal. Als Filter kann man noch einen Prozentsatz von beispielsweise 3 Prozent benutzen, um den der GD erst jeweils durchbrochen sein muss, bevor man eine Position eröffnet.

Momentum

Das Momentum ist ein sehr häufig eingesetzter Oszillator. Damit wird versucht, die Kraft einer Kursbewegung zu messen. Dabei wird vom aktuellen Kurs einfach der Kurs der letzten eingestellten Intervalle abgezogen. Zweck ist es, neue Trends zu erkennen. Diese künden sich sehr oft durch große Kursbewegungen an. Im Lauf der Zeit lassen die Kraft des Trends und damit der absolute Wert des Momentums häufig nach.

Die klassische Interpretation liefert der Durchbruch der Mittelpunktslinie von unten nach oben. Dies ist ein Kaufsignal, wobei der Durchbruch von oben nach unten eindeutig für ein Verkaufssignal steht.

Moving Average Convergence Divergence-Indikator

Der MACD wird sehr häufig verwendet. Er eignet sich für nahezu jegliche Marktlage als wichtiges technisches Hilfsmittel.

Der MACD subtrahiert zwei GDs voneinander. Ein Wert oberhalb Null drückt aus, dass der kurze GD oberhalb des langen GDs liegt. Ein Wert unterhalb Null beschreibt das Gegenteil. Je weiter die MACD-Linie von der Linie Null entfernt ist, desto stärker herrscht eine Divergenz vor. Dies bedeutet eine weitere Verstärkung des vorherrschenden Trends. Eine Abnahme zeigt eine Schwächung des Trends.

Entscheidend ist es jedoch, eine Trendwende zu erkennen.

On Balance-Volume

Der OBV-Indikator setzt das Volumen, also die Umsätze zu den Kursveränderungen, in Relation. Es wird das Tagesvolumen für eine gegebene Periode addiert oder subtrahiert, abhängig davon, ob der Tagesschlusskurs höher oder niedriger als der des Vortages war. Eine Glättung ist zur Verstärkung der Aussagekraft noch möglich.

Steigt nun der Markt, ohne dass der OBV diese Bewegung mitmacht, befinden sich die Kurse an der Spitze. Dies könnte auf fallende Kurse hindeuten.

Stagniert jedoch der OBV bei sinkendem Markt, deutet dies auf einen Wendepunkt hin, also auf steigende Kurse.

Es wird angezeigt, ob Kapital in den Markt fließt oder diesem entzogen wird.

Relative-Stärke-Index

Dieser Index versucht, die innere Stärke innerhalb einer bestimmten Anzahl von Tagen oder auch in kürzeren Zeitabschnitten zu messen. Im RSI wird ein Verhältnis zwischen den Auf- und Abwärtsbewegungen der jeweiligen Tageskurse gebildet. Der Indikator schwankt zwischen Null und 100.

Daraus ergibt sich, dass bei einem Wert von Null keinerlei innere Stärke mehr vorhanden ist. Der Kurs ist im betrachteten Zeitraum ausschließlich gefallen. Ein Wert von 100 dagegen bedeutet, dass die optimale innere Stärke vorhanden ist und der Kurs ausschließlich gestiegen ist; der Markt ist überkauft. An einem solchen Punkt ist eindeutig mit einer Gegenreaktion zu rechnen.

Das echte Kauf- oder Verkaufssignal wird in der Praxis erst dann erzeugt, wenn der Indikator den jeweiligen Extrembereich verlässt.

9

Bollinger Band

Der Kurs neigt im Allgemeinen dazu, sich von einem Bollinger Band zum nächsten zu bewegen. Die Bollinger Bänder bewegen sich ober- und unterhalb des gleitenden Durchschnitts einer festeingestellten Periode x.

Durchbricht der Kurs das obere Band, ist die Long-Position zu überprüfen. Durchbricht der Kurs das untere Bollinger Band, muss die Short-Position überprüft werden. In beiden Fällen sind die nachfolgenden Indikatoren in die Entscheidung mit einzubeziehen, ob eine Long- oder Short-Position eingegangen wird.

Stochastik

Die Stochastik setzt sich aus zwei Durchschnittslinien zusammen, die als Prozent-K-Linie (blau) und Prozent-D-Linie (rot) bezeichnet werden und zwischen Null und 100 oszillieren.

Wichtig sind dabei die folgenden Signale:

- Verkaufssignal = wenn beide Linien die 75er Linie von oben nach unten schneiden

- Kaufsignal = wenn beide Linien die 30er Linie von unten nach oben schneiden

Der Indikator drückt aus, dass in einem Aufwärtstrend die täglichen Schlusskurse näher beim Tageshöchstkurs liegen, während in einem Abwärtstrend die Schlusskurse näher beim Tiefstkurs liegen.

Eine Umkehr des Trends wird dadurch identifiziert, dass sich die Schlusskurse immer weiter in die konträre Richtung bewegen. Wenn abschließend der Wert auf Tageshoch beziehungsweise -tief schließt, ist der Trend vorbei.

Trend-Bestätigungs-Indikator

Mit dem Trend-Bestätigungs-Indikator (TBI) versucht man, einen bereits durch einen GD erkannten Trend mit Hilfe eines weiteren GDs zu bestätigen. Die beiden gleitenden Durchschnitte, generell ein sehr kurzfristiger und ein längerfristiger, werden dividiert.

9

Ein Kaufsignal erfolgt, wenn der Indikator die Nulllinie von unten nach oben schneidet. Dies bedeutet, dass der zeitlich kürzere GD den längerfristigen überholt. Damit ist der durch den längeren GD definierte Trend von dem kürzeren GD bestätigt worden. Analog gilt die konträre Aussage.

Praxis-Tipp:

Die Verwendung von Indikatoren ist, wie bereits erwähnt, nur eines von mehreren Hilfsmitteln, um damit fundiertere Handelsentscheidungen treffen zu können. Es ist wichtig zu verstehen, dass die Aussagekraft dieser Indikatoren zutreffender wird, je länger Sie einen Zeitablauf betrachten. Je kürzer der Betrachtungszeitraum wird, zum Beispiel nur Stunden, Minuten oder gar Sekunden, desto ungenauer fallen die Signale aus.

Aussagekraft der verschiedenen Charts

Im Lauf der Börsengeschichte haben sich unterschiedliche Arten von Charts herausgebildet, die, je nach genutztem Börseninstrument, ihre Bedeutung haben und in unterschiedlicher Art und Weise genutzt werden. Die wichtigsten Charts sollen an dieser Stelle kurz genannt werden:

- Linienchart, als die übliche Form der Darstellung
- Balkenchart für den interessierten Trader
- Candlestick-Chart; dieser wird in aller Regel vom professionellen Trader verwendet, da er die höchste Aussagekraft hat

Der normale Aktieninteressent oder Anleger wird sich in aller Regel mit dem Linienchart begnügen. Der fortgeschrittene Trader bedient sich gerne des sogenannten Bar- oder Balkencharts. Hierbei bezeichnet das obere Ende des senkrechten Strichs den Höchstkurs und das untere Ende den Tiefstkurs. Der kleine waagrechte Strich auf der rechten Seite ist das Symbol für den Schlusskurs. Es ist auch möglich, den Open Kurs als waagrechten Strich auf der linken Seite darzustellen.

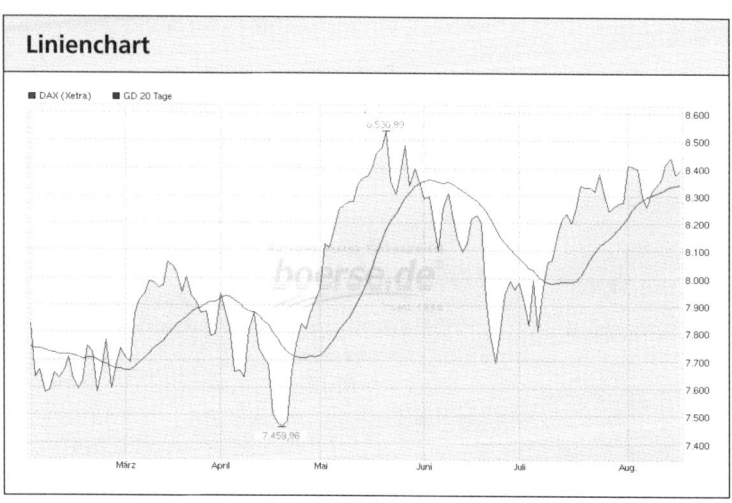

Quelle: boerse.de

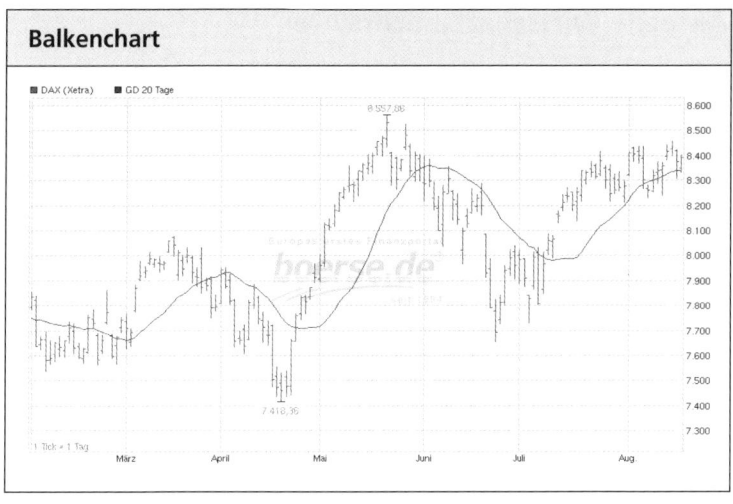

Quelle: boerse.de

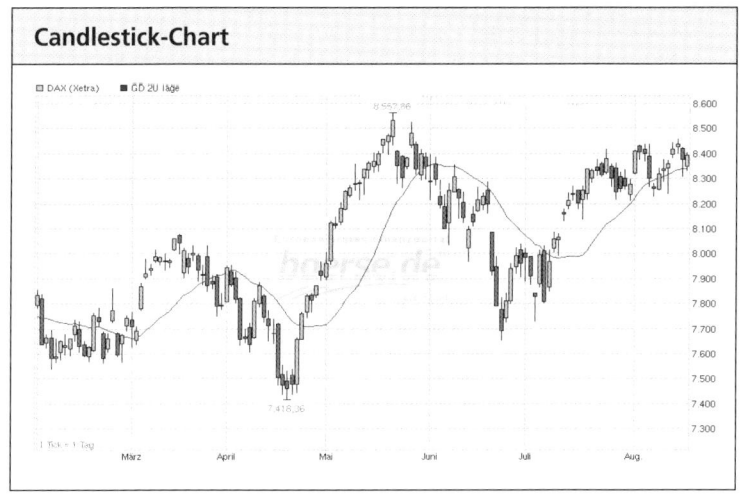

Quelle: boerse.de

Aktuelle Wirtschaftsnachrichten

Diese Informationen sind für den Daytrader unerlässlich und eines der wichtigsten Hilfsmittel überhaupt.

Der Trader muss sich eine Meinung zum Marktgeschehen bilden, um eine grundsätzliche Richtung für seine Handelsentscheidungen zu haben. Daher sind sowohl alle fundierten Wirtschaftsnachrichten als auch die Trendeinschätzung der Börse durch die Analystenmeinungen von großer Bedeutung. Obwohl diese mit ihren Einschätzungen und Prognosen auch oft daneben liegen, haben sie dennoch Einfluss auf den Markt und damit auf das Marktgeschehen.

Beispiel:

Wenn bei Telekom, Münchner Rück und Deutscher Bank gleichzeitig gute Meldungen kommen und Kurssteigerungen zu erwarten sind, so wird aller Voraussicht nach auch der gesamte DAX-Index steigen. Der Grund liegt darin, dass die genannten Firmen im Index sehr hoch gewichtet sind und sie daher den Kurs insgesamt entsprechend nach oben ziehen.

9

Praxis-Tipp:

Da der Daytrader in aller Regel Kurzfristentscheidungen auf wenige Minuten oder Sekunden trifft, sind sogenannte „heiße Fakten und Informationen" für ihn fast lebenswichtig. Es wäre unklug, hierbei vordergründig Kosten einzusparen und auf einen Nachrichtenticker zu verzichten.

Verschiedene Handelstaktiken

10

Lernen mit einem Echtzeit-Simulationsprogramm

Zu Beginn empfehle ich Ihnen, nur mit einem Simulationsprogramm/Demokonto zu arbeiten. Dieses Programm spiegelt in allen Einzelheiten die Praxis. Im Unterschied dazu werden die Trades jedoch nur fiktiv aufgezeichnet und berechnet. Dies alles funktioniert ohne die Eröffnung eines eigenen Kontos, also ohne jeglichen Geldeinsatz und damit ohne Risiko.

Gegenüber dem reinen Trockentraining, auf dem die einzelnen Positionen per Hand auf einem Zettel mitgeschrieben werden müssen, erledigt dieses System alles, genau wie in der Wirklichkeit. Es eignet sich perfekt dazu, angehenden Tradern die Funktion und die Schnelligkeit sowohl des Analysesystems als auch der Orderaufgabe zu vermitteln. Alle diese Tätigkeiten, ich nenne sie schematische Arbeiten, müssen in Fleisch und Blut übergehen und ohne großes Nachdenken ablaufen.

Praxis-Tipp:

Wenn Sie traden, können Sie sich mit diesen gleichen statischen Abläufen nicht aufhalten. Sie haben Wichtigeres im Kopf, nämlich Ihre Indikatoren, Daten und Parameter zu beobachten. Es sind der Chart und die eingehenden Nachrichten auszuwerten, die anderen wichtigen Märkte zu beobachten, um daraus Handelsentscheidungen treffen zu können.

Mit diesem Trainingsprogramm kann der Interessent alle Tastenfunktionen trainieren, bis diese perfekt verstanden und zur Routine geworden sind. Weiterhin kann er alle im praktischen Einsatz wichtigen Funktionen simulieren und sich damit eine individuelle Handelsstrategie erarbeiten. Dies beginnt bereits damit, ob er seine Kauf- und Verkaufsorders mit der Maus setzt oder lieber mit den verschiedenen Tastenkombinationen arbeitet.

10

Gezielte Tradingtaktiken aus der Praxis

Elementar wichtig für langfristige Erfolge sind das Setzen und Verändern von Stopps. Jeder Daytrader sollte sich vor dem Eingehen eines neuen Trades eben für diesen eine Strategie überlegen und diese konsequent umsetzen und durchhalten.

Grundsätzlich sollten Long- oder Short-Positionen immer mit einem Stopp in die konträre Richtung abgedeckt werden. Wie viele Punkte dieser Stopp beinhalten sollte, ist sowohl von der Volatilität der Märkte wie auch von der Persönlichkeit des Traders und dem zur Verfügung stehenden Risikokapital abhängig!

Praxis-Tipp:

Die Volatilität ist beim DAX wesentlich höher als im EURO STOXX 50. Beim DAX würde ich 10 bis 15 Punkte empfehlen. Beim EURO STOXX und beim BUND-Future könnte der Stopp bei 6 bis 8 Punkten gesetzt werden.

Zu beachten ist auch die jeweilige Tageszeit, zu der Sie traden. Die Kursrichtung beim DAX, der ja das Hauptinstrument für den Daytrader ist, hängt leider immer noch vom Verlauf der Leitbörsen in den USA ab. Daher ist in der Praxis sehr oft ein unterschiedlicher Handelsverlauf festzustellen.

10

Bis 15.30 Uhr entwickelt der DAX ein gewisses Eigenleben, das auf die Stimmung und Nachrichtenlage in Deutschland beziehungsweise in Europa Bezug nimmt. Einflüsse aus dem vorausgegangenen Handelstag fließen dabei mit ein, primär der Vortageshandel in den USA und das Ergebnis der Börsensitzungen in Asien.

Dann jedoch, um 15.30 Uhr, wenn die USA eröffnet, blicken alle Profis dorthin und schließen sich oft innerhalb von Minuten dem dort vorherrschenden Trend an. Dieses Phänomen ist immer wieder verblüffend. Sehr wichtig ist dabei der S&P 500 wegen dessen Marktbreite, der Dow Jones als weltweiter Leitindex und der Devisenkurs zwischen Dollar und Euro.

Achtung: Bevor man zu traden beginnt, müssen immer zwei grundsätzliche Überlegungen angestellt und aufgrund der oben genannten Ausführungen eine Entscheidung getroffen werden.

Zentrale Fragestellungen sind dabei:

- Wohin geht der Markt, sprich der DAX-Future, mittelfristig? Darunter verstehe ich einen Zeitraum von ein bis drei Tagen. Ist der Markt grundsätzlich bullish oder bearish? Bestehen Unsicherheiten im Markt infolge von Zinsängsten oder anstehenden wichtigen Entscheidungen, und wie ist die Stimmung?

- Die nächste Frage lautet: Wohin bewegt sich der Markt in den nächsten fünf Minuten? Dies muss natürlich mit der vorherrschenden Grundstimmung nicht übereinstimmen. Da ich ja alles ohne Geld und Risiko simuliere, kann ich auch verschiedene Taktiken wählen.

Vor- und Nachteile beim Scalpen

Dabei versuche ich die Marktschwankungen mitzumachen, setze darauf, dass der Markt immer mehrere Punkte in eine Richtung läuft, dann umdreht und sich wieder mehrere Punkte in die neue Richtung bewegt. Ich gehe mit dem Markt, drehe die Position und folge diesen Marktbewegungen. Bei dieser Taktik muss ich mit sehr engen Stopps arbeiten. Ich versuche dabei, die kleinsten Kursbewegungen zu meinem Vorteil auszunutzen.

In der Praxis ist diese Taktik jedoch aus mehreren Gründen ein sehr schweres Unterfangen:

- Es erfordert höchste Anstrengung und Konzentration. Wenn der Markt sich jedoch entgegen meiner Einschätzung verhält, geht meine Rechnung nicht auf. Sehr oft werde ich auch ausgestoppt.

- Ein weiterer, sehr wichtiger Faktor bei dieser Taktik ist die hohe Belastung durch die Roundturn-Gebühren. Ein aktiver Scalper bringt es leicht auf 50 bis 100 Roundturns pro Tag. Da die Gebühren nicht mehr offen ausgewiesen, sondern dem Spread zugeschlagen wurden, gilt es diese erst aufzuholen. Bei dieser Taktik müssen Sie zumindest 1 Punkt je Trade Plus (effektiv) erwirtschaften. Kein einfaches Unterfangen!

- Der Scalper wird nie in der Lage sein, größere Trendbewegungen mitmachen zu können, da er immer kurzfristig seine Position glattstellt. Er muss je Trade mit einem sehr bescheidenen Gewinn zufrieden sein.

- Gerade den Anfänger fasziniert diese Technik besonders, da er der Meinung ist, dass gerade durch die Schnelligkeit der Orderaufgabe das Scalping eine leicht lösbare Aufgabe wäre. Dem ist leider nicht so! Sie gehen long, und der Markt geht in diesem Moment short. Nach 4 Punkten stellen Sie glatt und gehen short. Wiederum nach Ihrer Order dreht der Markt, und Sie liegen wieder verkehrt und so weiter.

- Nehmen wir an, diese Taktik betreiben Sie realistisch in einem Zeitraum von ein bis zwei Stunden 30-mal und liegen dabei 20-mal verkehrt. Sie werden von Trade zu Trade nervöser, hektischer, zweifeln an sich und Ihrer Taktik, Sie beginnen zu schwitzen, weichen dann von Ihrer Taktik ab und setzen die Stopps höher, die Anspannung wird immer größer. Häufige Fehler sind dann die Verwechslung der Tasten für den Kauf und Verkauf, oder es wird die derzeitige Position vergessen und es bleibt noch ein Kontrakt offen, weil man vergisst, die Position zu schließen.

- Da das Ordersystem unheimlich schnell und flexibel ist, braucht man die Position nicht erst zu schließen und dann neu zu eröffnen, sondern kann eine Short-Position mit zwei Long-Positionen schließen und ist gleichzeitig einen Kontrakt long. Dadurch spart man sich einen Arbeitsgang und somit Zeit.

10

Praxis-Tipp:

Die Taktik des Scalping halte ich für den Privattrader auf längere Zeit nicht für durchführbar. Dazu müssten Sie ein institutioneller Anleger sein, der den Roundturn wesentlich günstiger erhält und der durch die größere Anzahl von Kontrakten auch Marktvorteile hat. Wenn Sie bereits über mehr Tradingerfahrung verfügen, können Sie Versuche dieser Art wagen. Ich empfehle jedoch, vorher ausführlich am Simulator zu üben – ganz ohne Geld und Risiko!

Möglichkeiten beim Positionstrading

Als wesentlich Erfolg versprechender empfinde ich das Positions-trading. Dabei bin ich, je nach Marktverlauf, zwischen einigen Minuten oder aber einer Stunde und länger im Markt. Meine Taktik, die ich für den aktuellen Trade gewählt habe, sichere ich mittels Stoppmarken ab.

Liege ich vom Trend her richtig, bin demnach im Gewinn, ziehe ich die Stoppmarke jeweils mit, da mich ansonsten das System auch im Gewinnfall ausstoppen würde und bei Erreichen der Stoppmarke verkauft.

Praxis-Tipp:

Durch diese Art der Taktik gelingt es mir öfter, auch größere und längere Trendbewegungen mitzumachen und damit höhere Gewinnpunkte zu erzielen. Gleichzeitig sichere ich mir dadurch einen Teil meiner Gewinne ab.

Sie können auch mit einem Trailing-Stop arbeiten (mehrere Broker bieten diesen an). Trailing-Stops lassen sich mit einem prozentualen oder absoluten Abstand von den festgestellten Kursen eingeben. Bespiel: Eine vorhandene Long-Position wird mit einem prozentualem Trailing-Stop von 10 Prozent erfasst. Mit jedem neuen Höchstkurs der Aktie wird nun die Trailing-Stop-Order so angepasst, dass der Stopp-Limit-Kurs 10 Prozent unter dem jeweiligen neuen Höchstkurs platziert wird. Die Position wird damit so lange gehalten, wie sie ansteigt, und wieder verkauft, wenn die Aktie/Future sich mehr als 10 Prozent vom Höchststand nach unten bewegt. Dieses Verfahren sichert demnach in perfekter Weise die Regel: Gewinne laufen lassen, Verluste begrenzen.

Sie sind auch als Daytrader nirgendwo gezwungen, täglich eine bestimmte Anzahl von Transaktionen zu tätigen. Zeigt Ihnen der Chartverlauf Möglichkeiten auf, müssen Sie diese schnell und beherzt nutzen. Zögern kostet Geld. Sehen Sie keine Einstiegs-signale, so traden Sie überhaupt nicht oder nur sehr wenig.

Sie können auch auf andere Märkte springen, wie etwa den EURO STOXX 50, BUND-Future oder die bereits genannten USA-Indizes.

Achtung: Ein längeres Verbleiben im Markt darf Sie jedoch nicht in Sicherheit wiegen oder Ihre Aufmerksamkeit untergraben. Sie müssen die Märkte immer im Blickfeld haben, um reagieren zu können. Auch hierbei müssen Sie sich eine Abwesenheit vom Arbeitsplatz verkneifen.

Over-Night-Trading

Wie bereits vorher erwähnt, sind die Taktiken beim Scalpen und Positionstrading entweder auf extrem kurze Verweilzeiten im Markt oder auch auf längere, teilweise Stunden andauernde Haltepositionen ausgelegt.

Bei der taktischen Variante des Over-Night-Tradings wird die Position auch über Nacht gehalten. Dies stellt eine sehr risikoreiche Entscheidung mit oft folgenschweren Konsequenzen dar. Eine über Nacht oder über das Wochenende gehaltene Position im Markt, egal ob diese long oder short ist, können Sie nicht mehr beeinflussen. Dies bedeutet, dass Sie dem Börsengeschehen tatsächlich hilflos ausgeliefert sind.

10

Achtung: Sie müssen wissen und tatsächlich auch begreifen, dass Sie der gesamten Nachrichtenlage und damit dem Weltgeschehen hilflos gegenüberstehen. Ein gesetzter Stopp hilft Ihnen dabei nicht, da dieser ignoriert wird.

Beispiel:

Stellen Sie sich folgende Situation vor:

Sie sind über Nacht mit einem Kontrakt short, weil der Markt sowohl den aktuellen Tag wie auch die letzten Tage fortlaufend schwach war. Es herrschte Verunsicherung, und in der Tendenz haben die Pessimisten die Oberhand.

Mir ist selbst ein solcher Fall passiert: Es wurde nach Börsen-schluss verkündet, dass der bisherige Finanzminister mit sofor-tiger Wirkung zurücktritt. Was geschieht nun?

Über Nacht steigt der Kurs des DAX um 300 Punkte an, und Sie haben die verkehrte Position im Markt. Damit würden Sie 7.500 Euro verlieren. Wenn dadurch Ihr Konto unter eine be-stimmte Marke fällt, erhalten Sie noch einen sogenannten Margin-Call. Dies bedeutet, dass Sie kurzfristig eine Einzah-lung auf Ihr Konto leisten müssen, ansonsten wird Ihr Konto gesperrt, oder sämtliche Positionen werden zwangsverkauft.

Sie können ebenso gut den umgekehrten Fall betrachten: Sie halten eine Long-Position, setzen auf einen steigenden DAX, und es kommen entsprechend negative Meldungen wie ein Kriegsausbruch, die Absetzung einer Regierung, Skandale in Washington oder lediglich eine sehr negative Börsennachricht aus den USA. Dadurch fällt der Kurs massiv, und Ihr Verlust tritt ebenfalls ein.

Praxis-Tipp:

- Grundsätzlich ist von einer Over-Night-Position dringend abzuraten. Das Daytrading, wenn es richtig verstanden wird, soll ja gerade durch die kurzen Zeitintervalle und durch die Stückelung des Kapitals in viele, vom Einsatzka-pital her betrachtet, geringe Einzelsummen zu einer Risi-kominimierung führen.

- Damit würden Sie das gesamte System unterlaufen und sich einer sehr hohen Verlustgefahr aussetzen, die Sie lei-der nicht beeinflussen können.

Jedoch keine Regel ohne Ausnahme!

Sollten Sie von Ihrer Kapitalausstattung, von Ihrer Erfahrung, Per-sönlichkeit und Nervenstärke her meinen, auch dafür geeignet zu sein, könnten Sie in begründeten Ausnahmefällen eine solche Position, jedoch mit der kleinsten Kontraktanzahl, halten oder eingehen.

Zu den oben genannten Voraussetzungen müssen Sie die Märkte und die Marktstimmung sehr gut und zuverlässig einschätzen können. Sie haben neben dem Börsentag in Deutschland, der bis 17.30 Uhr dauert, genau zwei Stunden Zeit, sich ein Bild über die USA-Märkte zu machen. Diese eröffnen um 15.30 Uhr. Bedenken müssen Sie dabei jedoch, dass dort die Börse noch sechseinhalb Stunden geöffnet hat und die oftmals größten Kursbewegungen über elektronische Kauf- oder Verkaufsprogramme abgewickelt werden, wenn bestimmte Kursorders erreicht werden.

Es wäre natürlich schön und finanziell verlockend, ein Gap bei Börsenbeginn sozusagen „mitnehmen" zu können.

Mit unserer Technik waren wir in der Lage, eine Over-Night-Position zu simulieren und damit für uns berechenbar zu machen. Wäre ein Trader in diesen Monaten grundsätzlich jeden Tag eine solche Position in der vorherrschenden Richtung eingegangen, so hätte dies keine nennenswerten Vorteile gebracht, sondern lediglich höchste Nervenbelastung und Stress!

Achtung: Lassen Sie es mich noch einmal deutlich sagen: Over-Night-Trading ist mehr oder weniger ein Glücksspiel, und es muss auf wirklich geeignete Einzeltage beschränkt werden.

10

Daytrading in der Praxis

11

Vorbereitung

Nachfolgend möchte ich die Erfahrungen und Erlebnisse eines Daytraders aus dem Alltag beschreiben, um damit weiteren Tradern Hilfestellung für die Praxis zu vermitteln. Dieser Part kommt nach meiner Einschätzung in der Literatur viel zu kurz, obwohl er doch mit Abstand „der wichtigste" ist.

Theoretische Abhandlungen, Ratschläge, Vorsätze und Strategien sind zwar schön und gut, die Wahrheit zeigt sich jedoch allein in der Praxis, unter Stress und bei eigenem Geldeinsatz. Jeder Fehler macht sich sofort am Kontostand bemerkbar und verstärkt daher den Druck.

Ihre Hausaufgaben für das Wochenende:

- den Börsenverlauf vom vorausgegangenen Freitag noch einmal nacharbeiten

- den DAX-Future live über viele Stunden selbst beobachten und zu Hause auswerten

- desgleichen die wichtigen Indizes wie den EURO STOXX 50, Dow Jones, NASDAQ und den S&P 500

- über das Wochenende makro (vormals: 3satBörse) und Tele-börse auf nt-v anschauen; einige Börsenzeitungen durcharbeiten, um die allgemeine Stimmungslage besser erfassen zu können

Haben Sie dies alles erledigt, dann sind Sie gut vorbereitet für einen neuen Handelstag!

Das folgende Beispiel zeigt drei Tage Daytrading in der Praxis. Es ist absolut zeitlos und verliert nicht an Aktualität. Die Szenarien wiederholen sich in ähnlicher Form jede Woche/jeden Monat /jedes Jahr.

Dieser Passus soll Ihnen gezielte Hinweise und Hilfestellung geben, auf welche Informationen Sie achten müssen, welche zwingend erforderlich sind, wie Sie Ihre Tagesvorbereitung aufbauen und vor allem, wie Sie sich in ähnlichen Situationen mental verhalten beziehungsweise damit umgehen sollten. Bitte unterschätzen Sie diese Bedeutung nicht, denn sie ist ein wesentlicher Teil Ihres Tradingerfolges!

11

Beispiel: Ein neuer Tag beginnt

Dienstag, 08.08.2006

Ich setze mich morgens um 7.30 Uhr vor meinen Börsenarbeitsplatz. Als Erstes studiere ich die börsenrelevanten Ereignisse der vergangenen Nacht. Die entscheidenden Fragen, welche sich mir stellen, lauten:

- Was ist gestern nach Börsenschluss in Deutschland und an den weltweiten Leitbörsen in den USA gelaufen?

- Sind wichtige Neuigkeiten oder Informationen im Markt, die ich unbedingt wissen muss?

- Mit welcher Punktzahl haben die wichtigsten Börsen geschlossen?

- Mit welcher absoluten Prozentzahl an Gewinn oder Verlust haben die jeweiligen Börsen ihren Handel beendet?

- Welche Branchen oder Segmente haben performt und wer waren die höchsten Tagesverlierer?

- Wie sind in den letzten Stunden die Kurse in Asien gelaufen (Hang-Seng, Nikkei)?

- Sind von dort aktuelle Impulse zu vermelden, die auch unsere deutschen Indizes beeinflussen?

- Wie schätzen führende Analysten die Eröffnung beziehungsweise die Tagestendenz bei uns in Deutschland ein?

11

Zu diesem Zweck hole ich mir den Nachrichtenticker auf den Bildschirm. Dort sehe ich in übersichtlicher und komprimierter Form alle wichtigen, börsenrelevanten Informationen, nach denen ich meine Tagesaktivitäten plane. Würde ich diese Arbeit einsparen, müsste ich mich selbst im Innersten als einen „Zocker" bezeichnen, da ich ansonsten quasi im Blindflug versuchen würde, im schier undurchdringlichen Börsendschungel Start- und Landeplätze zu finden. Da dies sehr oft zu Bruchlandungen oder gar zum totalen Crash führen könnte, bin ich gut beraten, meine täglichen „Hausaufgaben" gewissenhaft zu erledigen.

Wichtig: Da es für den Anfänger relativ schwer sein wird, wirklich wichtige, kursrelevante Nachrichten von nachrangigen zu unterscheiden, habe ich am Ende dieses Kapitels eine hilfreiche Auflistung beigefügt. Diese unterscheidet nach Prioritäten von A–C, wobei A-Meldungen die höchste Bedeutung haben. Darauf reagieren die Börsen oftmals innerhalb weniger Sekunden! Daher aufgepasst!

Heute steht eine weitere Zinsentscheidung der FED (US-Notenbank) an. Es wird jedoch von führenden Börsenprofis mit <u>keiner</u> Zinserhöhung gerechnet, da dies ansonsten die 17. Erhöhung in Folge, auf jetzt 5,25 Prozent Leitzinsen, wäre. Auch hier müssen die Märkte verschnaufen können und eine eigene Robustheit entwickeln. Meine Meinung dazu ist, dass dieses Anziehen der Zinsschraube immer mehr an Bedeutung verliert, sei es, weil viele Unternehmen durch das Ratingsystem nur mehr schwer an neue Kredite kommen oder zwischenzeitlich andere, internationale Refinanzierungsmodelle zur Verfügung stehen. Ansonsten stehen heute keine wichtigen Meldungen auf dem Tagesplan, mit Ausnahme der Vierteljahreszahlen von Cisco.

Die Wallstreet hatte knapp behauptet geschlossen, da Ängste vorhanden waren, der wiederum gestiegene Ölpreis könnte die Ausgaben der Verbraucher bremsen. Die Zahlen waren wie folgt:

Dow Jones	11.219 Punkte	– 0,2 Prozent
S & P 500	1.276 Punkte	– 0,3 Prozent
Nasdaq	2.073 Punkte	– 0,6 Prozent

11

Die Futures jedoch haben im Gegenzug leicht zugelegt. Der Grund war die Schließung eines bedeutenden Ölfeldes durch die BP in Nordalaska. Außerdem war eine merkliche Kaufzurückhaltung im Vorfeld der Zinsentscheidung seitens der Notenbank feststellbar.

S & P Future	1.285 Punkte	+ 0,2 Prozent
Nasdaq F	1.505 Punkte	+ 0,2 Prozent
Nikkei	15.335 Punkte	+ 1,2 Prozent
Hang-Seng	17.002 Punkte	+ 0,3 Prozent

Es ist genau 8.00 Uhr und der Handel im DAX-Future beginnt.

Der DAX-Future eröffnete mit einem sogenannten „positiven Gap", einer Kurslücke von etwa 35 Punkten. Dies bedeutet, dass nach Börsenschluss in Deutschland doch noch gute Umsätze in Bezug auf unsere Börsen in den USA getätigt wurden und daher der erste Kurs des neuen Tages entsprechend „hoch" gesetzt wurde.

Wie bereits an anderer Stelle erwähnt, sollten Sie vor allem als Neueinsteiger die erste Börsenstunde meiden, da dort überwiegend „Over-night" Positionen glattgestellt werden. Gewinner werden versuchen, schnell Kasse zu machen, um ihre Gewinne in Sicherheit zu bringen, wohingegen die Verlierer alles daran setzen, eine Schadensbegrenzung zu erreichen. Aus diesem Grund ist der Markt nur schwer einschätzbar.

> **Praxis-Tipp:**
>
> Warten Sie daher bitte ab, bis sich diese „Spielchen" erledigt haben (etwa 30 Min. bis eine Stunde). Dann ist der Weg frei, um in die von Ihnen prognostizierte Tagesrichtung zu traden.

Ich warte einige Zeit ab, jedoch sehe ich kein Einstiegssignal, welches für mich signifikant ist. Oft ist es so, dass vor wichtigen Zahlen, wie sie heute Abend aus den USA erwartet werden, die Börse richtungslos ist. Viele private wie auch institutionelle Trader warten auf ein Zeichen, wohin die Reise kurzfristig gehen könnte.

11

Wichtig: Nur zu traden, weil Sie jetzt vor dem PC sitzen, sich gerne die Langeweile vertreiben möchten oder weil Sie die Gier nach sofortigen Gewinnen übermannt, sollten Sie unbedingt vermeiden. Für Sie ist nur eine Sache entscheidend: nach vorher klar festgelegten Regeln ein zuverlässiges Einstiegssignal suchen und erst dann den Trade wagen.

Da ich meinen weiteren Tagesablauf anderweitig verplant habe, beende ich meine Tätigkeit ohne Groll. Auch dies sind Verhaltensweisen, die Sie lernen sollten!

Montag, 14.08.2006

Als Eröffnungskurs wurden 5.684 Punkte festgelegt. Dies bedeutet ein positives Gap von 38,5 Punkten gegenüber dem Schlusskurs vom Freitag.

Bereits die erste Kerze prägte ein hohes Volumen von 19 Punkten aus, was für die ersten fünf Minuten eine große Bandbreite darstellt. Im Anschluss daran gingen die Kurse für längere Zeit in eine unauffällige Seitwärtsbewegung über. Danach fand ein Abwärtstrend über sechs Kerzen statt, den ich jedoch ignorierte. Daran schloss sich ein Candlestick in der Ausprägung eines Hanging Man an, der meine Aufmerksamkeit fand. Diese Konstellation könnte ein Zeichen einer Trendumkehr darstellen. Die folgende Kerze war steigend, demnach eine Bestätigung, und Mitte der nächsten Long Kerze erfolgte der Einstieg bei 5.686 Punkten in eine Long Position. Meinen maschinellen Absicherungsstopp setzte ich 12 Punkte tiefer, bei 5.674.

Mit ein Ausgangspunkt für dieses Einstiegssignal war es auch, dass über den Ticker die Nachricht kam, dass die Konjunkturzahlen aus der Euro-Zone das stärkste Quartalswachstum seit 02/2002 verkündeten! Der Kurs kletterte weiter in meine Richtung, und bei 5.692 Punkten zog ich den Stopp auf 5.682 nach. Beim nächsten Hoch von 5.698 passte ich den Stopp bei 5.690 an. Der Anstieg setzte sich weiter fort bis 5.701. Stopp bei 5.695. Um 11.00 Uhr prägte sich die Kerze bei 5.702 als Shooting Star aus, was in aller Regel als ein bearishes Zeichen zu werten ist und welches nach einem Aufwärtstrend ein Warnsignal darstellt. Die nächste Kerze, ein Doji (Eröffnungs- und Schlusskurs der Periode sind identisch), ist ebenfalls eindeutig ein Trendumkehrsignal. Und wie es kommen musste, wurde ich in der nächsten fünf-Minuten-Periode bei 5.695 Punkten ausgestoppt. Kein Beinbruch, denn immerhin sind 9 Punkte verdient.

11

Praxis-Tipp:

Sie haben bemerkt, dass ich anfangs einen Spielraum von 12 Punkten vorgegeben habe. Im Zuge des Handels habe ich diese Range verkürzt, bis zuletzt nur noch auf 6 Punkte. Dieser Taktik lagen zwei Überlegungen zugrunde:

1. Ich war von der Stärke des Trends nicht mehr überzeugt (entsprechende Signale konnte ich auch dem RSI entnehmen).

2. Es war meine Absicht, aus diesem Trade einen akzeptablen Profit zu ziehen.

Um 11.40 Uhr eröffne ich erneut eine Long Position, Mitte der dritten bullishen Kerze bei 5.698 Punkten. Absicherungsstopp bei 5.686. Der Kurs entwickelt sich in meine Richtung. Bei 5.703 ziehe ich den Stopp auf 5.693 nach. Es ist ein starkes Volumen zu verzeichnen, welches oftmals eine zusätzliche Bestätigung für einen „tatsächlichen Trend" darstellt, da viele Marktteilnehmer von der aktuellen Kursrichtung überzeugt sind. Der Future steigt in der Spitze bis 5.707. Es erfolgt jedoch ein sofortiges Nachgeben auf wiederum 5.703. Ein sich ausprägender Shooting Star signalisiert mir Gefahr, jedoch ignoriere ich dieses Zeichen. Die nächste Kerze hat nur einen kleinen Kerzenkörper mit langen Schatten, ebenfalls ein Signal, dass der Markt unschlüssig ist. Die nächste Kerze steigt leicht, kommt sofort wieder zurück und bildet einen Doji aus. Jetzt läuten die Alarmglocken, höchste Vorsicht ist geboten! Ich setze meinen Stopp sehr eng auf 5.698 Punkte, demnach nur mehr 5 Punkte Spielraum. Die folgende Short Kerze geht bis 5.696 Punkte und stoppt mich aus. Fazit: Ein neutraler Trade, weder Fisch noch Fleisch.

Wichtig: Versuchen Sie bitte unter allen Umständen zu vermeiden, dass Sie, falls Sie bereits in einem Trade erfolgreich sind und bereits 10 Punkte oder mehr verdient haben, diese und Ihren Einsatz von 12 Punkten in den Verlust führen. Ziehen Sie die Reißleine beim Einstiegskurs, ansonsten schmerzt Sie der Verlust doppelt! Ausgeglichene Trades haben noch keinen Börsianer arm gemacht, im Gegenteil, Sie haben quasi umsonst Erfahrungen gesammelt und diese sind als kostbar und enorm wichtig zu bewerten.

11

Es geht weiter. Die Kurse bewegen sich nun in einer Seitwärtsrange, innerhalb einer Bandbreite zwischen 5.684 und 5.697 Punkten. Dies entspricht nur 13 Punkten, viel zu wenig, um ein Swingtrading zu betreiben. Dafür benötigen Sie im DAX-Future nach meinen Erfahrungen eine Range von mindestens 25 Punkten!

Um 17.00 Uhr wird die oben genannte Range durch die vierte bullishe Kerze in Folge durchbrochen und damit auch der starke Widerstand der 5.700er Marke.

Nach dem signifikanten Durchbruch gehe ich bei 5.704 abermals Long. Absicherung bei 5.692. Die nächste Kerze steigt bis 5.714. Den Stopp setze ich bei 5.705. Der Kurs steigt leider nicht mehr, sondern bewegt sich wiederum seitwärts. Weitere 20 Minuten oder vier Kerzen später stoppt es mich aus. Jedoch 1 Punkt Gewinn, meine Performance wird scheinbar besser.

Beispiel: Neuer Tag, neues Glück

Dienstag, 15.08.2006

Die Zahlen im DAX-Future:

Schlusskurs 5.670 Punkte

Erster Kurs 5.680 Punkte

Dies bedeutet ein positives Gap von 10 Punkten. Bei wichtigen Nachrichten werden heute um 14.30 Uhr die Zahlen aus den USA zu den Erzeugerpreisen Juli und zum US Empire State Manufacturing Index August erwartet. Ansonsten stehen keine wichtigen Zahlen der Priorität A auf der Tagesvorschau.

Internationale Zahlen:

Dow Jones	11.098 Punkte	+ 0,1 Prozent
S&P Future	1.274 Punkte	+ 0,1 Prozent
Nasdaq Future	1.503 Punkte	+ 0,2 Prozent
Nikkei	15.837 Punkte	– 0,1 Prozent
Hang Seng	17.284 Punkte	0,0 Prozent

Sie sehen, es ist keine bestimmte Börsentendenz feststellbar, ebenso wenig lassen sich besondere Anzeichen für einen aufregenden Börsentag in Deutschland erkennen. Auch die anstehenden Meldungen aus den Terminen der Tagesvorschau eröffnen keine zusätzlichen Hoffnungen.

Wie oftmals, wenn keine eindeutigen Vorgaben aus den USA kommen oder es an wichtigen News fehlt, dümpeln die Kurse in einer Seitwärtsbewegung dahin. Es hat sich eine Range in der Bandbreite zwischen 5.680 und 5.695 Punkten gebildet. Keine Chance eines Einstiegs. Auch die Indikatoren wie der RSI, Stochastik, Momentum oder der MACD zeigen keine Signale an. Daher ist Abwarten angesagt. Dieses Procedere geht so weiter bis etwa 14.00 Uhr.

Das Chartbild ist für den erfahrenen Trader eindeutig. Keiner der institutionellen Anleger und auch nur wenige Privattrader möchten so kurz vor der Nachrichtenlage um 14.30 Uhr eine Position eröffnen. Sie wüssten auch nicht, in welche Richtung, denn es fehlt an jeglicher Vorgabe. Erst durch die Mitteilung der US-Zahlen und deren Interpretation kann der Börse wieder Leben eingehaucht werden.

Die veröffentlichte Prognose der anstehenden Zahlen sieht wie folgt aus:

US-Erzeugerpreise Juli 2006   + 0,4 Prozent gegenüber dem Vormonat

US-Erzeugerpreise Juli 2006   + 0,2 Prozent gegenüber dem Vormonat

    ex Nahrung/Energie

US Empire State   + 14,0 Punkte
Manufacturing Index August

Um 14.15 Uhr wird die Widerstandslinie von 5.700 Punkten wieder durchbrochen. Sie sehen, ein wiederholter Anlauf. Diese Long Kerze geht über 12 Punkte bis 5.710 und wird von einem signifikanten Anstieg des Handelsvolumens begleitet.

Es stellen sich mir sofort folgende Fragen:

- Sind bereits zum jetzigen Zeitpunkt viele Marktteilnehmer davon überzeugt, dass in wenigen Minuten gute Zahlen vermeldet werden?

- Möchte sich ein Teil der Börsianer vielleicht nur einen guten Einstiegskurs sichern?

- Handelt es sich bei diesem Teil der Trader um reine „Spekulanten oder Hasardeure"?

- Oder wissen diese Trader zehn Minuten vor Veröffentlichung der Zahlen bereits mehr als ich?

- Wird unter Umständen auch nur auf eine Vermutung hin spekuliert, mit dem Finger auf der Verkaufstaste, falls man doch die falsche Richtung gewählt hätte?

Ich schalte nun mein Chartbild von fünf auf drei Minuten und danach auf einen Intervall von einer Minute um. Der Grund hierfür ist, dass ich jetzt richtig Action erwarte.

Genau um 14.30 Uhr erreicht mich die Nachricht, dass die Zahlen wesentlich besser als erwartet ausgefallen sind: Die US-Erzeugerpreise stiegen nur um 0,1 anstatt um 0,4 Prozent, die US-Erzeugerpreise ex Nahrung/Energie sanken um 0,3 Prozent statt des erwarteten Anstiegs von 0,2 Prozent und der US Empire State Manufacturing Index August legte nur um 10,34 Punkte zu anstatt um 14,0 Punkte.

Dies sind ausgezeichnete Zahlen, weil sie auf ein normales Tempo der amerikanischen Wirtschaft hinweisen und vor allem, weil Inflationsängste kein Thema mehr auf dem Markt sind und sich auch der Druck auf die US-Notenbank bezüglich kurzfristiger Zinserhöhungen wesentlich reduziert hat.

Nun steige ich bei 5.724 Punkten Long ein. Absicherungsstopp bei 5.712. Der Kurs schnellt fast senkrecht nach oben. Bei 5.740 ziehe ich den Stopp auf 5.730. Der Kurs steigt auf 5.750. Stopp angepasst auf 5.742. Weiter geht die Rally bis 5.760. Stopp nach auf 5.750. Weiterer Anstieg auf 5.766. Ich komme gar nicht dazu, den Stopp so schnell nachzuziehen und anzupassen. Ich bin vom Trend beziehungsweise der guten Nachricht so überzeugt, dass ich den Stopp auf 5.754 stelle und damit wie anfangs 12 Punkte Spielraum gebe. Sollte es mich auf dieser Marke ausstoppen, hätte ich 30 Punkte verdient. Was soll's. Für drei Minuten ist dies ja kein schlechter Verdienst, oder?

Der Future steigt in der Spitze bis 5.770, kommt jedoch in Sekundenschnelle wieder in den Bereich von 5.762 zurück und geht seitwärts. Erste Gewinnmitnahmen erfolgen. Dies sehe ich an zwei

11

Shortkerzen, die im Abstand von jeweils einer Minute erscheinen. Der Kurs fällt bis 5.756 Punkte, mein Stopp hält jedoch. Mit der nächsten Kerze steigt der Kurs wieder um 3 Punkte. Auch die folgende Kerze ist Long und der Kurs steht wieder bei beruhigenden 5.762 Punkten. Die dritte bullishe Kerze in Folge erreicht einen Stand von 5.771 Punkten. Es ist an der Zeit für mich, nun wieder meinen Stopp anzupassen und auf 5.760 zu setzen, um damit weitere Punkte in Sicherheit zu bringen.

Erst jetzt kann ich verschnaufen, da alles Wichtige getan ist. Ich sehe auf die Uhr. Es ist gerade 14.38 Uhr. Seit Beginn dieses Trades sind erst acht Minuten vergangen. Ich habe kein Zeitgefühl entwickelt, da Stress pur angesagt war. Nun kann ich mich zurücklehnen, den Nachrichtenticker verfolgen und die anderen Börsen beobachten (EURO STOXX 50, BUND-Future, Vorbörse in den USA). Der Kurs bewegt sich seitwärts innerhalb einer relativ kleinen Bandbreite.

Um 14.49 Uhr folgt ein weiterer Ausschlag nach oben, der eine Minute später den Kurs auf 5.780 bringt. Stopp anpassen auf 5.768 und abwarten getreu der Börsenweisheit: „Der Trend ist dein Freund!"

Nun gilt es, geduldig meine weiteren Parameter (Indikatoren) zu beobachten. Es vergehen fast zwei Stunden und nichts passiert. Der Kurs bleibt innerhalb der genannten Range ohne größere Bewegungen nach oben oder unten. Ich überlege mehrmals, die Position zu liquidieren und den Gewinn zu realisieren, kann mich jedoch nicht dazu entschließen, da ich hoffe, dass doch noch, aufgrund der guten Zahlen, ein erneuter Ausbruch nach oben erfolgt.

Es ist 16.31 Uhr und der Future durchbricht den Widerstand bei 5.780. Um 16.44 Uhr knackt der Kurs die Hürde von 5.800 Punkten. Stopp bei 5.788. Der DAX kämpft weiter mit der 800er Marke, kann diese jedoch nicht durchbrechen und prallt ab. Die Kurse gehen seitwärts, dann erfolgen Gewinnmitnahmen, die den Future auf 5.791 drücken. Kurz nach 17.00 Uhr glückt nochmals ein Durchbruch bis 5.808. Ich setze den Stopp auf 5.796 und warte ab. Meine Position möchte ich nicht von mir aus schließen, denn diesen Trade verlasse ich nicht freiwillig, dazu war er zu gut. Die Entscheidung wird mir um 17.24 Uhr abgenommen, denn da werde ich ausgestoppt. Kein Wehklagen meinerseits, denn dies war ein exorbitant guter Trade und einer der sehr wenigen im heutigen Börsengeschehen, der sich über eine solch lange Zeitdauer erstreckte.

11

Fazit: Meine Arbeitszeit betrug zwei Stunden und 54 Minuten. Das Ergebnis waren 72 Punkte.

Praxis-Tipp:

Seien Sie bitte in solchen Situationen (kurz vor wichtigen News) vorsichtig. Warten Sie eine Bestätigung der Nachrichten und damit die möglichen Entwicklungen der Börsenkurse ab. Mit dieser Taktik verzichten Sie zwar im Einzelfall auf einige Punkte, jedoch liegen Sie in der Summierung der erfolgreichen Trades wesentlich häufiger richtig. Dies tut sowohl Ihrer Psyche als auch Ihrem Selbstvertrauen und nicht zuletzt Ihrem Geldbeutel gut!

Wichtiger Hinweis in eigener Sache:

Sie dürfen nicht meinen, dass ein solcher Trade an der Tagesordnung ist oder dass ich (fast) immer nur Gewinne mache. Jeder aktive Trader, und selbstverständlich auch ich, bekommt regelmäßig seine Abreibungen in Form von Verlusttrades zu spüren. Wichtig ist nur, dass in der Summierung (ein Monat, Quartal oder auf Jahressicht) die positiven Trades überwiegen, sowohl in der Anzahl als auch im absoluten Ergebnis.

Außerdem müssen Sie zur Vermeidung zu hoher Verluste oder, noch schlimmer, eines persönlichen Börsengaus, in jedem Fall Ihren vorher definierten, maschinellen Absicherungsstopp setzen (z. B. beim DAX-Future im Abstand von 12 Punkten zu Ihrem Einstiegskurs, beim EURO-STOXX 50-Future bei 8 Punkten und beim BUND-Future bei etwa 6 Hundertstel Punkten).

11

Praxis-Tipp:

Der Absicherungsstopp ist der einzig sichere Airbag, der Sie zuverlässig schützt und mit dessen Hilfe Sie Ihren vorher erarbeiteten Tradingplan in die Praxis umsetzen können. Es würde mich sehr freuen, wenn auch Ihnen dieser Tipp bei Ihren persönlichen Trades weiterhelfen könnte.

Einteilung anstehender Börsennachrichten/Top-News

Zu Ihrem Nutzen und Vorteil habe ich versucht, innerhalb der großen Zahl eingehender Börsennachrichten eine Abstufung nach Wichtigkeit und Bedeutung für das Daytrading zu finden, ohne dass diese Aufstellung den Anspruch auf Vollständigkeit erhebt:

Priorität A

- US Zinsentscheidung

- US ISM Index verarbeitendes Gewerbe

- US ISM Index nicht verarbeitendes Gewerbe

- US Auftragseingänge

- US Index des Verbrauchervertrauens

- US Arbeitsmarktdaten

- US Lagerbestände

- US Einzelhandelsumsatz

- US Erzeugerpreise

- US Haushaltssaldo

- US Zahlen zum Bruttoinlandsprodukt

- US Index Einkaufsmanager Chicago

- US Empire State Manufacturing Index

- US Erstanträge auf Arbeitslosenhilfe

- EZB Zinsentscheidung

- EU Verbraucherpreise Eurozone

- IFO-Geschäftsklimaindex für Deutschland

- DE Arbeitsmarktzahlen

11

Priorität B

- EU Einkaufsmanagerindex

- EU Einzelhandelsumsatz

- EU Arbeitsmarktdaten

- US Produktivitätszahlen

- US Industrieproduktion und Kapazitätsauslastung

- EU Geschäftsklimaindex

- US Frühindikatoren

Priorität C

- US Import-Exportpreise

- US Bauausgaben

- US Verkauf bestehender Häuser

- EU Erzeugerpreise

- DE Einkaufsmanagerindex

- DE Einzelhandelsumsatz

- DE Auftragseingang

- DE Bruttoinlandsprodukt

11

Praxis-Tipp:

Diese Daten können Sie nicht isoliert sehen, da sie allein für sich auch nicht die absolute Aussagekraft besitzen. Die Zahlen müssen im Zusammenhang mit der vorherrschenden Marktstimmung, dem Sentiment, daraufhin bewertet werden, ob sie dieses verstärken, ändern oder ob sie nur im Rahmen der Erwartungen ausgefallen sind.

Beispiel:

Sie wissen aufgrund Ihres Nachrichtentickers in der Vorschau bereits, welche wichtigen Wirtschaftszahlen am heutigen Tag, morgen oder im Lauf der Woche und zu welcher Uhrzeit veröffentlicht werden. Dies bedeutet, dass Sie Ihr Trading vom zeitlichen Ablauf her relativ genau planen können. Genau fünf Minuten vor Bekanntgabe der erwarteten Zahlen erhalten Sie im Regelfall eine „Prognose" führender Analysten, welches Ergebnis erwartet wird. Diese 300 Sekunden könnten für Sie entscheidend werden. Sie legen Ihre Strategie fest, je nachdem, wie die Zahlen ausfallen!

Sind diese positiver als erwartet, wird eine Long-Position angeraten sein. Bei schlechten Nachrichten erfolgt ein konträres Verhalten. Zahlen, die genau im Rahmen der Erwartungen liegen, können Sie neutral bewerten. Hier gilt es abzuwarten, ob sie eine Kursrelevanz nach sich ziehen.

Nun folgt die erwartete Wirtschaftszahl über die Ticker.

Überlegung 1: Sie sind nun gefordert, diese Daten schnellstens zu analysieren, sich eine Meinung zu bilden, den Markt sowie die Kursrelevanz zu verfolgen und eine Tradingentscheidung zu treffen.

Überlegung 2: Noch wichtiger ist, wie die Mehrzahl der Börsianer zum jetzigen Zeitpunkt diese Zahlen interpretieren könnte. Dieses Verhalten bewegt nämlich die Kurse und nicht Ihre persönliche Entscheidung mit nur einem oder in der Summe wenigen Kontrakten, denn damit sind Sie zu schwach, um dem Markt eine bestimmte Richtung geben zu können. Sich in die Situation und die Gedanken der weiteren Marktteilnehmer versetzen zu können, ist die Kunst, die Ihnen zusätzliche Gewinne verschafft.

Wichtig: Es gibt immer Börsianer, die bereits kurz vor Veröffentlichung der Zahlen mit höchstem Risiko eine Position eröffnen. Von diesem Vorgehen rate ich Ihnen ab. Warten Sie auf die Nachricht, analysieren Sie die Entwicklung des Kurses aufgrund der Daten und treffen Sie erst dann Ihre Tradingentscheidung. Damit sparen Sie Geld und Nerven.

11

DAX-Future oder BUND-Future: Mit welchem Index starte ich?

Tradingalternativen: DAX-Future

- Umsatzvolumen täglich ca. 80.000 Kontrakte
- Marginhöhe je Kontrakt derzeit ca. 8.000 Euro (verändert sich öfter je nach Höhe und Volatilität)
- Punktwert jeweils 25 Euro
- der Kontraktwert beträgt Punktestand × 25 Euro, derzeit (18.07.2013) 8.250 × 25 = 206.250 Euro
- höchste Volatilität
- größte Gefahr/höchste Chancen
- sehr schnelle und große Marktbewegungen
- rasanter Handel ab 15.30 Uhr (USA)
- Überforderung von Anfängern
- zu schnelle Marktbewegungen
- Zeitproblem beim Setzen von Stopps
- analog beim Nachziehen und Anpassen von dynamischen Stopps
- Wählen der richtigen Stoppmarke (Absicherung bei 12–20 Punkten)
- große Gefahr des Ausstoppens (20 Punkte-Stopp sind 500 Euro/ bei nur einem Kontrakt)
- höchste Anspannung/Nervosität
- sehr schnell kommen Ängste hoch und beeinträchtigen ein überlegtes Trading
- Probleme in der Ausformung der Candlesticks (lange Kerzen, langer Docht oder Lunte stoppt Sie sekundenschnell aus, anschließend geht der Kurs in Ihre Richtung, jedoch dann oftmals ohne Sie!)
- aufgrund vieler Privattrader unberechenbares Marktverhalten (Sentiment wird oftmals vernachlässigt)

- Tradingverhalten hat sich massiv verändert (bei wenigen Punkten Gewinn wird sofort Kasse gemacht)

- lange Tradingläufe/Trends mit 50–100 Punkten Gewinn sind trotz großer Stopps (12–20 Punkte) nicht mehr (nur selten) möglich

- schneller und kleiner Gewinn, Geld abziehen und auf neues Einstiegssignal hoffen

- Positionstrading wird daher immer schwieriger

- Scalping aufgrund der Gebühren und des Marktverhaltens nicht zu empfehlen

- zu viele „Zocker" springen vor wichtigen Nachrichten bereits in die vermutete Richtung auf (falls richtige Richtung: sofort Kasse, wenn falsch: Ausstieg als Schadensbegrenzung)

Markteinstieg: BUND-Future

- Umsatzvolumen täglich ca. 600.000 Kontrakte

- Marginhöhe je Kontrakt nur ca. 1.000 Euro

- daher könnten im Verhältnis zum DAX 8 Kontrakte/Lots gehandelt werden

- der Tickwert ist 1/100 und hat einen Wert von 10 Euro

- bei gleichem Einsatz beträgt daher der Tickwert 80 Euro

- der Kontraktwert beträgt 100.000 Euro (acht Kontrakte = 800.000 Euro)

11

- dadurch wesentlich größerer Hebel als im DAX

- relativ geringe Volatilität (wird in Hundertstel Punkten berechnet)

- weniger Gefahr bei doch hohen Chancen

- kontinuierliche und langsamere Marktbewegungen

- ideales Trainingsfeld für Einsteiger

- starke Referenz zum DAX und Dow-Jones (häufig mit konträren Vorzeichen)

- sehr viel Zeit, um das Traden in allen Facetten zu lernen (Chart ist Chart)

- geringere Anspannung, Zeit für die Beobachtung der Märkte, Überlegungen und Reaktionen

- Zeit für die Stoppeingaben und das dynamische Anpassen und Nachziehen

- geplantes und überlegtes Trading wird erleichtert

- Dochte und Lunten sind bei den Candle Sticks wesentlich kürzer und keinesfalls so extrem in den Ausformungen

- dadurch besteht eine reduzierte Ausstoppungsgefahr

- die überwiegende Anzahl der Trader sind Banken und institutionelle Anleger (berechenbarere Märkte)

- die Tageseinschätzung ist in aller Regel etwas unproblematischer (unsicherer Aktienmarkt, schlechte Rahmenbedingungen, Ängste in den Märkten = Flucht in den sicheren Hafen der festverzinslichen Anleihen)

- Positionen können auch über längere Zeiträume (Stunden) gehalten werden

- geringerer Absicherungsstopp genügt (in aller Regel 5 bis 6 Hundertstel-Punkte)

- Positionstrading ist aus oben genannten Gründen leichter möglich

- „seriösere Marktteilnehmer" mit eher berechenbaren Strategien als Gegner im Markt

11

Möglichkeiten einer sinnvollen Risikobegrenzung

12

Setzen von Stopp-Loss-Orders im System

Denken Sie immer an den alten und doch so weisen Börsenspruch: „Verluste muss man begrenzen und Gewinne soll man laufen lassen." Diese elementare Grundregel gilt für das gesamte Börsengeschäft, jedoch in extremster Form bezogen auf das Daytrading.

Angenommen, Sie steigen bei 7.000 DAX-Punkten in den Markt ein, sind bullish und gehen long. Sie setzen daher auf steigende Kurse.

Da Sie aber nicht wissen, ob Ihre Vermutung richtig ist, setzen Sie einen Verkaufstopp bei 6.995 Punkten. Sollte nun der Kurs in die entgegengesetzte Richtung gehen, also bis zur Marke von 6.995 Punkten fallen, so löst das System automatisch eine Verkaufsorder aus, so dass Sie maximal 5 Punkte Verlust erleiden können, woraus sich ein Betrag von 125 Euro errechnet. Jeder Punkt im DAX-Future hat einen Wert von 25 Euro. Die Gebühr für den durchgeführten Roundturn beträgt weitere 10 Euro, so dass ein maximaler Verlust von 135 Euro eintreten kann (die Gebühren können auch in die Differenz des Spread integriert sein).

> **Praxis-Tipp:**
>
> Diese Stopptechnik ist eines Ihrer wirksamsten Mittel einer Risikobegrenzung, wenn Sie diese konsequent anwenden. Ich darf es Ihnen dringend anraten. Setzen Sie aus psychologischen Gründen den Stopp maschinell, so dass der Computer selbstständig verkauft und Sie persönlich nicht mehr aktiv werden müssen.

Ihre Einschätzung erweist sich jedoch als richtig, und der Kurs steigt in wenigen Minuten auf 7.020 Punkte. Nun ziehen Sie Ihre Verkaufsorder von 6.995 Punkten auf 7.010 Punkte. Der Kurs steigt weiter, und nach kurzer Zeit erreicht der Future einen Wert von 7.035 Punkten. In diesem Fall ziehen Sie Ihren Stopp auf 7.025 Punkte nach.

Dies bedeutet, dass Sie nun bereits 25 Punkte gesichert haben und Ihnen eine Schwankung oder Trendwende bis zu 10 Punkten nichts anhaben kann.

Steigt der Kurs weiter auf 7.050 Punkte, so ziehen Sie den Stopp nun auf 7.035 Punkte hoch und sichern dadurch den Gewinn nach unten ab. Ihre Schwankungsbreite haben Sie nun auf 15 Punkte erhöht. Sie führen dies konsequent durch, bis Sie ausgestoppt werden, das heißt eine Trendumkehr erfolgt, die das Verkaufssignal auslöst.

Praxis-Tipp:

So kann es Ihnen gelingen, auch größere und langfristige Trends, in welche Richtung auch immer, zu Ihrem Vorteil auszunutzen. Bleiben Sie dem Grundsatz treu, dass der Trend Ihr Freund ist.

Bitte beachten Sie hierzu auch die neuen Möglichkeiten des sogenannten Trailing-Stops, auf den in Kap. 10 bereits ausführlich hingewiesen wurde (siehe S. 112).

Physische Anwesenheit am Arbeitsplatz

Das Daytrading, und verstärkt der Handel mit dem Future, erfordert zwingend Ihre tatsächliche Anwesenheit vor dem Bildschirm. Dies ist leider keine leere Floskel, sondern die Wahrheit in der Praxis, denn alles andere wird Sie spürbar Geld kosten!

Da der Futurehandel oft nur ein Stunden- oder teilweise auch nur Minuten- oder Sekundengeschäft ist, müssen Sie hochkonzentriert und jederzeit fähig sein, entsprechend der Situation eingreifen zu können.

Einen Kaffee zu trinken oder ein Gespräch zu führen, ist möglich. Jedoch müssen Sie die wesentlichsten Daten immer im Blickfeld haben.

Dies bedeutet konkret:

- Beobachtung und Auswertung der eingehenden Wirtschaftsnachrichten
- kontinuierliche Prüfung der Chartkonstellation
- eingehende Analystenmeinungen in Ihre Überlegungen aufnehmen
- Empfehlungen beachten, die über die Fernsehprogramme n-tv und Bloomberg TV gesendet werden, da diese oft Reaktionen im Markt auslösen können

Die nachfolgenden Hausaufgaben sollten Sie bereits erledigt haben oder teilweise regelmäßig nacharbeiten, da sich die Daten und damit die Markteinschätzung laufend verändern können.

12

Das müssen Sie wissen:

- Welche wichtigen Börsentermine oder Entscheidungen stehen heute um welche Uhrzeit an?

- Wie läuft der vorbörsliche Handel in den USA?

- Wie ist das Verhältnis des Dollar zum Euro?

- Wie verhalten sich die Rentenmärkte?

- Welche Markttendenz ist heute vorherrschend?

- Wie hoch ist das Umsatzvolumen im Futurehandel an der EUREX?

Achtung: Sollten Sie eine längere Pause benötigen, zum Mittagessen oder um Erledigungen vorzunehmen, so empfehle ich Ihnen auch an dieser Stelle wieder, Ihre Position glattzustellen und sich aus dem Markt zu verabschieden. Dann können Sie ohne nervliche Belastung und Stress Ihre privaten Dinge erledigen.

Praxis-Tipp:

- Prüfen Sie täglich mehrere Male Ihre offenen Positionen. Es kommt nicht selten vor, dass jemand in der Hektik des Handels, vor allem dann, wenn mehrere Positionen mit in der Anzahl unterschiedlichen Kontrakten eröffnet sind, die Übersicht verliert und offene Positionen vergisst. Dies kann sehr teuer werden!

- In den verschiedenen Systemen gibt es eigene Fenster, die immer den aktuellen Stand der noch offenen Positionen anzeigen.

12

Professionelles Risk- und Money-Management betreiben

Risk- und Money-Management beschäftigt sich mit den Auswirkungen von Tradingentscheidungen auf das zum Handel zur Verfügung stehende Kapital unter Berücksichtigung wahrscheinlichkeitstheoretischer Aspekte.

Praxis-Tipp:

Zielsetzung ist der optimale Einsatz des zur Verfügung stehenden Kapitals zur Maximierung der eigenen Performance unter der Prämisse Sicherstellung der „Überlebensfähigkeit" in den Märkten.

Zu unterscheiden ist zwischen Risk-Management im engeren und weiteren Sinn.

Risk-Management im engeren Sinn beschäftigt sich mit Beträgen (prozentual und absolut), die wir unter Berücksichtigung der Eintrittswahrscheinlichkeit für einen Verlust als Preis für die Chance auf Gewinn zu verlieren bereit sind beziehungsweise in Abhängigkeit der jeweilig vorherrschenden Marktverhältnisse intelligenterweise zu verlieren bereit sein sollten.

Folgende Fragen sind beim Risk-Management im engeren Sinn unter anderem zu beantworten:

- Wie viel Prozent meines Kapitals bin ich bereit, im Trading dem Verlustrisiko auszusetzen?

- Wie viel Prozent meines Kapitals bin ich bereit, pro Trade zu riskieren?

- Wie viel Prozent eines bereits erzielten, aber noch nicht realisierten Gewinns bin ich bereit, wieder zu verlieren?

- Wie viel Prozent meines Kapitals bin ich bereit, pro Tag und Monat zu riskieren?

Durch die Höhe des akzeptierten Verlustrisikos in einem Trade bestimmt sich der von Ihnen oder mir angewandte Hebel (Leverage).

Risk-Management im weiteren Sinn beschäftigt sich mit allen Techniken und Strategien, die der Risikoreduktion und Absicherung (Hedging) dienen. Hierunter fällt somit auch die Wahl des entsprechend eines gegebenen Marktumfelds geeigneten Instruments (z. B. Future, CFD oder Option). Des Weiteren die Entscheidung darüber, ob unter bestimmten Marktverhältnissen (z. B. extrem erhöhte Volatilität) es überhaupt sinnvoll ist, zu traden.

12

Money-Management stellt einen Zusammenhang her zwischen:

- Chance

- Risiko

- Wahrscheinlichkeiten und
- dem zur Verfügung stehenden Kapital

Welchen Preis bin ich bereit, für welches Risiko zu bezahlen beziehungsweise bezahlen zu können?

Praxis-Tipp:

Risk- und Money-Management üben einen erheblichen Einfluss auf die erzielte Performance sowie auf das psychologische Verhalten eines jeden Spekulanten (Marktteilnehmers) aus. Kurzfristige Positionsreduzierung bei Kursentwicklungen entgegen eingenommener Positionen, mögliche Positionsverstärkung bei gewinnträchtigen Positionen können äußerst sinnvolle Mittel eines durchdachten Risk- und Money-Managements sein.

Hinweise des Risk-Managements unbedingt beachten

Auch wenn Sie mit Ihrem eigenen Geld spekulieren, so ist es doch ein Zeichen von Vernunft, die Hinweise des Risk-Managements zu beachten.

Haben Sie eine gute Brokerbank als Partner, so werden Sie zumindest von dieser entsprechende Warnsignale erhalten, wenn Ihr Trading-Konto bestimmte Untergrenzen erreicht.

Praxis-Tipp:

Es sollte dann nicht damit getan sein, einen Margin-Call zu erfüllen, das heißt Geld neu nachzuschießen, denn oft sitzt das Problem an einer ganz anderen Stelle. Es könnte sein, dass Sie

- technisch oder fachlich überfordert sind,
- Ihre Handelstechniken überdenken oder ändern sollten,
- zusätzlichen Schulungsbedarf benötigen,
- andere Defizite haben oder
- generell als Daytrader wenig geeignet sind.

Dies sollte zu ergründen versucht werden, um Ihnen damit Hilfestellung geben zu können.

Kleines Daytrading-Lexikon

Nur die Kenntnis relevanter Fachbegriffe und deren Zusammenhänge ermöglicht es Ihnen, stichhaltig zu argumentieren
und zu korrespondieren.

Arbitrage

Profit von Preisunterschieden beim Handel an verschiedenen Börsen

Ask

Briefkurs (Angebot)

Ask-Size

Anzahl der angebotenen Kontrakte

Baisse

Ausgeprägter Kursrückgang an den Börsen. Die Kurseinbußen erstrecken sich beim Wertpapierhandel über den Renten- und Aktienmarkt oder zumindest auf sehr wichtige Teilbereiche eines dieser Märkte. Das Gegenteil nennt man Hausse (s. dort).

Basiswert

Damit sind Indizes, Aktien, Währungen, Anleihen oder auch Rohstoffe gemeint.

Benchmark

Richtgröße, Orientierungspunkt, bei Wertpapierdepots meist ein Index

Bid

Geldkurs (Nachfrage)

13 **Bid-Size**

Anzahl der nachgefragten Kontrakte

Blue Chip

Amerikanischer Name für Aktien von ertrags- und substanzstarken Firmen und Unternehmen

Broker

Wertpapiermakler

Bullish

Die Kurse gehen steil nach oben. Optimisten beherrschen das Marktgeschehen.

BUND-Futures

An der EUREX und LIFFE gehandelte standardisierte Termingeschäfte auf eine Anleihe der Bundesrepublik Deutschland

Candlestick-Charts

Japanische Chartbalken mit Dochten. Standardchart für Daytrader aufgrund der hohen Aussagekraft.

Cash-Settlement

Ausgleich des Bewertungsergebnisses bei physisch nicht erfüllbaren Termingeschäften (z. B. Futures, Optionen, Indizes etc.)

Chart

Grafische Darstellung von Kursverläufen einzelner Wertpapiere oder auch von Branchen- und Börsenindizes

Chartist

Vertreter der „Technischen Analyse". Bedient sich der Kursdiagramme der Vergangenheit, um anhand bestimmter typischer, wiederkehrender Formationen eine Kursprognose abzugeben.

13

Clearing

Zentrale Verrechnung von Forderungen und Verbindlichkeiten mit dem Ergebnis, dass nur die sich zu Gunsten oder zu Lasten eines jeden Teilnehmers ergebenden Salden gutgeschrieben beziehungsweise belastet werden.

Clearing House

Verrechnungsstelle an den Terminbörsen. In Deutschland: EUREX-Börse in Frankfurt. Diese zentrale Abrechnungsstelle übernimmt die Mittlerrolle beim Ausgleich der Positionen und tritt nach Abschluss der Transaktion als eigentlicher Marktpartner für Käufer und Verkäufer ein.

Commodities

Darunter versteht man im Termingeschäft den Handel mit Rohstoffen, Edel- und Industriemetallen, Waren und Getreide.

Computerbörse

Börsentyp (z. B. Xetra), bei dem der gesamte Handelsprozess komplett automatisiert ist. Es beginnt mit der computerunterstützten Ordereingabe (Wertpapierorder), dann folgt die automatische Übermittlung an die Computerbörse, mit automatischer Weiterleitung der Lieferungs- und Zahlungsverpflichtungen aus den Geschäften, bis zur Verbreitung von Handelsinformationen an die Marktteilnehmer.

DAX

Kürzel für Deutscher Aktienindex

Der DAX enthält die Kurse von derzeit 30 deutschen Standardwerten. Die Gesellschaften, die in die Berechnung einbezogen werden, sollten seit mindestens drei Jahren zum variablen Marktsegment des amtlichen Handels an der Frankfurter Wertpapierbörse zugelassen sein. Weitere Auswahlkriterien für die einzubeziehenden Gesellschaften sind Umsatzstärke, Börsenkapitalisierung, Vorhandensein früher Eröffnungskurse und Branchenrepräsentativität.

Das Gewicht einer Aktie im Index bemisst sich nach dem Anteil an der gesamten Kapitalisierung. Hierzu wird der Kurs jeder Aktie mit der an der Frankfurter Wertpapierbörse zugelassenen und für lieferbar erklärten Anzahl der Aktien gewichtet.

Der DAX wurde in Fortführung des Index der Börsenzeitung als Performance-Index gestaltet. Seine historische Zeitreihe reicht bis 1959 zurück. Als Basis wurde der 30.12.1987 auf 1.000 gesetzt. Der DAX ist als Realtime-Index konzipiert und wird jede Minute neu berechnet.

Delta

Das Delta einer Option gibt näherungsweise an, um welchen Betrag sich der Preis der Option verändert, wenn der Kurs des zugrunde liegenden Basiswertes um eine Einheit steigt. Das Delta eines Calls liegt zwischen Null und Eins, während das Delta des Puts Null bis minus Eins beträgt.

Dow-Jones-Future

Aus dem Dow-Jones abgeleiteter Futurekontrakt

Dow-Jones-Index

Schon vor der Jahrhundertwende veröffentlichte das Verlagshaus Dow-Jones & Co. für die New York Stock Exchange (NYSE-)Indizes von über 30 Industrieaktien, 20 Eisenbahnwerten, 15 Energieversorgungsaktien und einen Gesamtindex aller 65 Werte. Besonders der Industrieindex genießt aufgrund seiner schnellen Verbreitung weltweite Beachtung und gilt daher als „der" Dow-Jones-Index.

Forex-Handel

Futurekontrakte, die aus dem Devisengeschäft (z. B. Dollar gegen Euro) abgeleitet werden

Futures

Hinsichtlich Menge, Qualität und Liefertermin standardisierte Terminkontrakte, bei welchen zu einem bestimmten zukünftigen Zeitpunkt ein dem Geld- und Kapital-, Edelmetall- oder Devisenmarkt zugehörlges Handelsobjekt zum börsenmäßig festgesetzten Kurs zu liefern beziehungsweise abzunehmen ist. Häufig ist

13

bei derartigen Kontrakten (z. B. Terminkontrakten auf Basis von Aktienindizes) zur Erfüllung der bestehenden Verpflichtung (anstelle einer körperlichen Wertpapierlieferung oder -abnahme) eine Ausgleichszahlung zu leisten.

Gap

Kurslücke zwischen dem Schlusskurs und dem Eröffnungskurs einer Börsennotierung (Aktie, Index etc.)

Hausse

Kurssteigerungen an der Wertpapierbörse und damit wirtschaftlicher Aufschwung und Hochkonjunktur. Der Kursanstieg hält über einen längeren Zeitraum an. Oft ist ein Kursanstieg auf einzelne Wertpapierbereiche beschränkt. Das Gegenteil einer Hausse ist die Baisse (s. dort).

Hebel

Der Hebel (Leverage-Effekt) beschreibt die überproportionale Auswirkung einer Kursbewegung des Basiswertes auf den Preis eines Optionsscheines. Er gibt an, um wie viel die prozentuale Kursänderung der Option größer ist als die Kursänderung des Basisobjektes. Der Hebel berechnet sich mittels Division des Basiskurswertes durch die Optionsprämie.

Hedging

Absicherung eines Portefeuilles, beispielsweise durch Futures, Swaps oder Optionen (Derivate)

Index

13

Nachbildung eines Marktes in Form einer Kennzahl

Indikator

Werden im Besonderen bei der technischen Analyse eingesetzt. Sie sollen konkrete Kauf- und Verkaufshinweise geben. Weiterhin können damit Divergenzen im Kursverlauf untersucht werden.

Indizes

ATX	Österreich
AMEX	USA-Börse
Bovespa	Brasilien
CAC	Frankreich
DAX	Deutschland
Dow Jones	USA-Börse
FTSE	Großbritannien
Hang Seng	Hongkong
IBEX	Spanien
IPC	Mexiko
KFX	Dänemark
Madrid General	Spanien
MIB	Italien
NASDAQ	USA-Börse
Nikkei	Japan
Russel	USA-Börse
S&P	USA-Börse

Initial Margin

Sicherheitsleistung, die bei der Aufnahme eines Future-Geschäfts (Options & Futures) zu hinterlegen ist – auch Ersteinschuss genannt

Leverage-Effekt

Deutsch: Hebelwirkung. Im Optionsgeschäft das Verhältnis zwischen der größten prozentualen Kursänderung einer Option zur prozentualen Kursänderung des zugrunde liegenden Basiswertes. Die Hebelwirkung kann niemals kleiner als Eins sein. Daraus folgt bei Optionsgeschäften, dass der absolute Gewinn/Verlust bei gleichen Anlagebeträgen immer größer ist als bei Aktiengeschäften direkt.

13

Long

Es wird eine Kaufposition eröffnet in der Erwartung steigender Preise.

Long-Position

Hausseposition im Terminhandel. Durch den Kauf eines (noch) nicht im Besitz befindlichen Wertpapiers hat der Käufer eine Long-Position in diesem Papier. Gerechnet wird folglich mit steigenden Kursen.

Margin

Sicherheitseinlage, Differenz, Einschuss

Open Interest

Anzahl der offenen Kontrakte

Oszillatoren

Dieser Begriff kommt ursprünglich aus der Physik. Oszillatoren erzeugen Schwingungen und pendeln auf und ab.

Range

Differenz zwischen dem Höchstkurs und dem Tiefstkurs einer Aktie oder eines Index innerhalb eines genau fixierten Zeitabschnittes (z. B. Tages-Range)

13

Realtime Kurse

Gegen Bezahlung stellt die Deutsche Börse und die EUREX die Kurse aller gelisteten Aktien und Indizes in Realtime (Echtzeit) zur Verfügung. Die aus dem Internet ersichtlichen Kurse haben in aller Regel eine Verzögerung von mindestens 15 Minuten.

Settlement

Bezeichnung für die Erfüllung eines Finanzgeschäftes, insbesondere eines Termingeschäftes. Es gibt das Cash-Settlement (Differenzausgleich in Geld) und das physische Settlement (Lieferung des Basiswertes).

Short

Leerverkauf. Es wird eine Verkaufsposition eröffnet in der Erwartung fallender Kurse.

Short-Position

Durch Verkauf eines (noch) nicht im Besitz befindlichen Wertpapiers (Leerverkauf) hat der Verkäufer eine Short-Position in diesem Papier. Es wird mit fallenden Kursen gerechnet.

Spread

Differenz bei gleichzeitigem Kauf und Verkauf einer Option mit unterschiedlichem Preisniveau, Basispreis oder Laufzeit. Wird auch als Differenz zwischen Geld- und Briefkurs sowie zwischen An- und Verkaufspreisen bezeichnet.

Tick

Kleinste nach den Kontrakt- beziehungsweise Geschäftsbedingungen mögliche Preisänderung bei Geschäften an Termin- oder Kassabörsen

Ticksize

Kleinste handelbare Einheit eines Futures

13

Tickvalue

Preis der kleinsten handelbaren Einheit

Trader

Investor oder Spekulant, der in kurzen Zeitintervallen handelt, also kurzfristig kauft und verkauft.

Trading

Kurzfristiger Handel an den Börsen

Trailing-Stop

Ein sich mit den Kursen mitbewegender Absicherungsstopp kann sowohl als absoluter Wert (z. B. jeweils 15 Punkte) oder auch als prozentueller Wert (10 Prozent) eingestellt werden. Da die Stopp-Loss Order immer vom Topwert ausgeht, gelingt es hier, Gewinne laufen zu lassen und Verluste zu begrenzen.

Volatilität

Zeigt die Schwankungsbreite eines Kurses. Sie dient als Maß für erwartete und tatsächliche Kursbewegungen und für die Beurteilung der Gewinn- und Verlustwahrscheinlichkeit. Sie ist darum in der Bewertung von Optionen eine entscheidende Größe. Hohe Volatilität steht für starke Kursbewegungen, so dass die Wahrscheinlichkeit einer zukünftigen ertragreichen Ausübungsmöglichkeit für eine Option steigt.

Volumen

Anzahl der während einer bestimmten Zeitspanne gehandelten Kontrakte (in der Regel ein Tag)

13

Währungsanleihen

Anleihen eines ausländischen Emittenten, die in eigener oder fremder Währung im Inland begeben werden, oder Anleihen inländischer Emittenten, die auf eine fremde Währung lauten und im Ausland begeben worden sind.

WKN

Wertpapier-Kennnummer

Xetra

Elektronisches System für den Handel mit Wertpapieren am Computer. Es ermöglicht Börsenmitgliedern den Handel von jedem beliebigen Standort aus. Wer auf Xetra handeln will, benötigt eine Zulassung bei einer deutschen Wertpapierbörse.

Zeichnen

Um in den Besitz neu ausgegebener Wertpapiere zu gelangen (Neuemission), bevor sie an der Börse gehandelt werden, zeichnet man sie.

13

Hilfreiche Adressen

14

Discountbroker*

comdirect bank AG
Pascalkehre 15
25451 Quickborn
www.comdirect.de

DAB Bank AG
Landsberger Str. 300
80687 München
www.dab-bank.de

maxblue
Theodor-Heuss-Allee 72
60486 Frankfurt/M.
www.maxblue.de

Cortal Consors S. A.
Bahnhofstr. 55
90402 Nürnberg
www.cortalconsors.de

OnVista
Sophienstr. 3
51149 Köln
www.onvista-bank.de

Onlinebroker*

www.sensus-capital.com

www.saxobank.com

www.varengold.de

www.xtrade.de

Broker für Binäre Optionen*

www.bancdeswiss.com

www.24option.de

www.stockpair.com

www.traderxp.com

www.finopex.com

www.easyxp.com

https://bancdebinary.com

14

---

* Alle hier gemachten Angaben stellen lediglich allgemeine Hinweise dar und sind keine Empfehlungen für die Wahl eines bestimmten Brokers.

Literaturhinweise

Abell, H.: Erfolgsrezept Day Trading. Hoppenstedt Financial Information.

Angell, G.: Day Trading im Visier. FinanzBuch Verlag.

Barnes, R. M.: Das Buch zum Day-Trading. TM Börsenverlag.

Borsellino, L. J.: Der Daytrader. FinanzBuch Verlag.

Chande, T. S.: Das große Buch der Tradingkonzepte. TM Börsenverlag.

Cooper, J.: Hit and Run Strategien. FinanzBuch Verlag.

Elder, A.: Die Formel für Ihren Börsenerfolg. FinanzBuch Verlag.

Florek, E.: Neue Trading-Dimensionen. FinanzBuch Verlag.

Goldberg, J./von Nitzsch, R.: Behavioral Finance. FinanzBuch Verlag.

Gresser, U. S.: Lexikon der technischen Indikatoren. FinanzBuch Verlag.

Hierstetter, G.: Profi-Handbuch Daytrading. Walhalla Fachverlag.

Murphy, J. J.: Technische Analyse der Finanzmärkte. FinanzBuch Verlag.

Natter, A.: Futures & Options. Langen/Müller.

Nison, S.. Technische Analyse mit Candlesticks. FinanzBuch Verlag.

Patel, A. B.: Trading Online. Financial Times Prentice Hall.

Priermeier, T.: Geld verdienen mit Daytrading. Moderne Industrie.

Raschke, L. B./Connors, L.: Top-Trading-Gewinne. TM Börsenverlag.

Ross, J.: Day Trading. FinanzBuch Verlag.

Schwager, J. D.: Technische Analyse. FinanzBuch Verlag.

Wilkinson, C.: Das Große Buch der Börsen-Techniker. TM Börsenverlag.

14

Daytrading-Beratung mit Georg Hierstetter

Wenn Sie sich wirklich intensiv für das Börsengeschehen interessieren, sollten Sie völlig neue Wege gehen. Darunter ist zu verstehen, dass Sie Ihre technischen Möglichkeiten verbessern und zugleich Ihre Handelstaktik verändern.

Ziel ist es, gegenüber vielen weiteren Marktteilnehmern einen Informations- wie auch Zeitvorsprung zu erzielen und diesen Vorteil mit dem entsprechenden Fachwissen zu verifizieren und umzusetzen. Gerade diese Faktoren entscheiden an den Börsen sehr oft über Gewinn oder Verlust!

Die Firma E.B.S. Electronic-Brokerage-Service GmbH, jetzt Direct-Daytrading GmbH, eröffnete Mitte 1999 das erste Daytrading-Center in Bayern. Sie ersehen daraus eine gewachsene Erfahrung über einen Zeitraum von 14 Jahren. Der Geschäftsführer ist zugleich der Autor dieses Buches.

Wenn Sie noch nicht über die nötigen Kenntnisse verfügen, bieten wir Ihnen Kurse zu folgenden Themen:

- Einsteigerkurs Daytrading

- Aufbaukurs Daytrading

- Professionelles Daytrading

Auf Wunsch erfolgen auch individuelle Einarbeitungsschulungen beziehungsweise Einzelschulungen und Coachings.

Direct-Daytrading GmbH
GF Georg Hierstetter
Nordgaustr. 13
93164 Laaber (bei Regensburg)
Tel.: 0 94 98-90 22 36
Fax: 0 94 98-90 22 37
E-Mail: info@direct-daytrading.de
          georg.hierstetter@t-online.de
Internet: www.direct-daytrading.de
          www.hierstetter-consult.de

Stichwortverzeichnis

15

Stichwortverzeichnis

15

15

Stichwortverzeichnis

Kurt Gallé

Erziehungsalarm

Weckruf für Eltern und Bildungsverantwortliche

Kurt Gallé

ERZIEHUNGS
ALARM

Weckruf für Eltern
und Bildungsverantwortliche

braumüller

Vorwegnehmend sei hinsichtlich der geschlechtsspezifischen Bezeichnung Folgendes erläutert: Es wäre umständlich, wollte man jedes Mal die Doppelform schreiben, und es ist optisch unschön und dem Lesefluss hinderlich, ein „I" mitten in ein Wort einzufügen. Ich verwende deshalb zur besseren Lesbarkeit entweder die weibliche oder die männliche Sprachform – und wenn es passend ist, auch beide.

Bibliografische Information der Deutschen Nationalbibliothek
Die Deutsche Nationalbibliothek verzeichnet diese Publikation in der Deutschen Nationalbibliografie; detaillierte bibliografische Daten sind im Internet über http: // dnb.d-nb.de abrufbar.

Printed in Austria

1. Auflage 2015
© 2015 by Braumüller GmbH
Servitengasse 5, A-1090 Wien

www.braumueller.at

Lektorat: Christine Wiesenhofer
Coverfoto: © ollyy | shutterstock.com
Druck: Druckerei Theiss GmbH, A-9431 St. Stefan im Lavanttal
ISBN 978-3-99100-144-7

*Wir dürfen die Kinder
nicht schwimmen lassen
im Meer der Beliebigkeit.*

Inhalt

ANTHROPOLOGISCHE NACHBETRACHTUNG

Vorwort

Je mehr Freiheit, desto weniger Gleichheit.
Je weniger Gleichheit, desto mehr Konkurrenz.
Je mehr Konkurrenz, desto weniger Solidarität.
Je weniger Solidarität, desto mehr Vereinzelung.
Je mehr Vereinzelung, desto weniger soziale Einbindung.
Je weniger soziale Einbindung, desto mehr rücksichtslose Durchsetzung.

Desintegrationsprozess nach W. Heitmeyer [1]

Da erfahren wir in den Medien von Jugendkrawallen in Staaten, die bislang als soziale Vorzeigeländer gehandelt wurden. Da lesen wir mit Entsetzen, dass ein erst Dreizehnjähriger ein siebenjähriges Mädchen vergewaltigt hat, und erfahren im gleichen Atemzug, dass Opfer und Täter psychologisch betreut werden und wollen glauben, dass damit wieder alles seinen gewohnten Gang geht.

So wie wir heute bestürzt erkennen, welche gravierenden Fehlentwicklungen es in den Erziehungsanstalten vor 50 bzw. 60 Jahren gegeben hat, so fassungslos werden wir uns, die wir gegenwärtig als Eltern, Lehrer, Erzieher, Sozialpädagogen, Psychologen und letztendlich in sozial- und bildungspolitischen Bereichen untätig tätig sind, in den nächsten Jahrzehnten den Vorwurf gefallen lassen müssen, unsere Kinder alleingelassen bzw. sich selbst überlassen zu haben.

Und was noch schwerer wiegt: Wir werden uns in den nachfolgenden Jahrzehnten jenen Konsequenzen stellen müs-

---

[1] Heitmeyer, W.: Über gesellschaftliche Desintegrationsprozesse.
In: Politik und Zeitgeschichte, B2-3/1993
Quelle: www.soziologie.uni-halle.de/langer/pdf/meth1/xenotheo

sen, die ein unbetreutes Erwachsenwerden unserer Nachfolgegeneration mit sich bringt, wenn wir nicht rechtzeitig die Reißleine ziehen und einen Schutzschirm in Richtung Fürsorge, Verantwortung und Disziplin öffnen.

Mir ist natürlich klar, dass die hier angeführten Fakten und beschriebenen Sachverhalte die gegenwärtige Situation nicht eins zu eins abbilden – dann wäre dieses Buch ohnehin obsolet.

Es gibt Gott sei Dank nach wie vor Eltern, Lehrkräfte, Pädagoginnen und Psychologen, Sozialarbeiter, Erzieherinnen etc., die nach bestem Wissen und Gewissen – und Können – ihren erzieherischen Auftrag erfüllen, sowie Kinder und Jugendliche, die diesem auch Folge leisten, obwohl dies für beide Seiten, Erziehungsberechtigte und zu Erziehende, aufgrund gesellschaftlicher Veränderungen immer schwieriger wird.

Es ist auch nicht ungewöhnlich, dass ein gegen das Establishment aufbegehrender Nachwuchs das etablierte Gefüge einer Gesellschaft etwas zum Wanken bringt – das gab es zu allen Zeiten und ist gut so.

Neu daran ist der Umstand, dass die Art und Weise der Umsetzung in einer bis jetzt nie dagewesenen Gefühllosigkeit verbunden mit einer unverhältnismäßig hohen Häufigkeit zum Ausdruck kommt. Da genügt es bei einer Schulhofrauferei nicht, den „Gegner" zu besiegen, um dann von ihm abzulassen. Nein, da wird auf den am Boden Liegenden noch eingetreten, und von den Umstehenden gibt es für das Opfer auch keine Hilfeleistung, denn die sind damit beschäftigt, das Geschehen mit Handy oder Tablet festzuhalten.

Neu ist auch die orientierungs- und damit bedenkenlose Überschreitung von bisher allgemeingültigen ethisch-moralischen Grenzen ohne höhere Ziele wie Gerechtigkeit oder Loyalität. Da genügt schon der Wunsch, ein neues Handy besitzen zu wollen, und schon ist man bereit, dieses mittels unverhältnismäßig brutaler Gewaltanwendung an sich zu bringen. Die Statistiken sprechen hier eine klare Sprache: So ist der „Handyraub", also das gewaltsame An-sich-Bringen eines Mobil- bzw. Smarttelefons unter Androhung oder Anwendung von Gewalt, um 20 Prozent gestiegen.[2] Dabei kommt es immer öfter vor, dass die Opfer zusätzlich verbal gedemütigt und körperlich misshandelt werden, obwohl sie ihr Handy den Räubern widerstandslos aushändigen.

Neu ist auch der nihilistische Umgang mit Schuld von direkt oder indirekt Betroffenen auf der Täterseite, die meinen, nötige Grenzziehungen und Konsequenzen aus falsch verstandenem Liberalismus verweigern zu müssen.

Die damit einhergehende zentrale Folgeerscheinung offenbart sich in einer schleichenden Entsolidarisierung, basierend auf einem fehlgeleiteten Verständnis von Freiheit, das sich egozentrisch ausbreitet und zur Unfreiheit des Gegenübers mutiert (wie einleitend im Desintegrationsprozess nach Heitmeyer dargestellt), in einer Gesellschaft, die langsam vergisst, was sie ihren Nachkommen und letztendlich sich selbst schuldig ist.

Mir ist bewusst, dass die von mir über einige Passagen gewählte Textform der Streitschrift (auch wenn sie sich im vorliegenden Werk vorwiegend auf Fakten stützt) ein literarisch äußerst provokantes Mittel darstellt. Sie ist jedoch nach wie vor die beste Option, um sich kontrovers für eine Sache einzusetzen und jene Personen oder Gruppen zu demaskieren, die alles und jedes beschönigen oder gutreden möchten, weil ihnen die nötige Entschlossenheit fehlt, die sie befähigen würde, tatkräftig aus der sie schützenden Komfortzone herauszutreten.

Graz, im März 2015

---

2 Quelle: http://diepresse.com/home/panorama/oesterreich/711058

BRENNPUNKT
GESELLSCHAFT UND FAMILIE

Die D-Generation und andere leise Umbrüche

Den in diesem Buch angestellten Überlegungen liegt vor allem ein soziokulturelles Verständnis von Generationen zugrunde. In diesem Falle definiert sich der Generationenbegriff nicht nur an der sonst üblichen Altersdifferenz der Vorfahren zu den Nachkommen, sondern orientiert sich auch an der Vorstellung von Generationen als kulturelles Deutungsmuster, in dem es darum geht, Identitäten und Differenzen von Gruppen darzustellen. Demzufolge beschreibt der in diesem Buch verwendete Generationenbegriff vorwiegend, jedoch nicht ausschließlich, das Wesen und nicht den zeitlichen Abstand. Deshalb sind die damit gemeinten Gruppierungen auch keiner Altersgruppe zuzuordnen, sondern ausnahmslos ihrer Beschaffenheit bzw. ihrer Wesensart.

Generationen im genannten Kontext werden demnach gemacht und entstehen durch eine spezifisch historische und kollektive Prägung mit sozialem Wandel als Sub- oder Gegenkultur zum bestehenden Gesellschaftssystem, wie zum Beispiel die Gruppe der sogenannten 68er, die Hippiebewegung, Punks oder Gothics.

Momentan befinden wir uns als Gesellschaft in einer Grauzone, die soziologisch kaum zu fassen ist, zumal sie einer klar ausgewiesenen Definition entbehrt – vielleicht bezeichnen die Historiker und Soziologen sie deshalb gerne als Postmoderne, also die Zeit nach der Moderne, weil sie für unseren Zeitabschnitt noch keine klare Zuordnung festmachen können. Ebenso unscharf sind Festlegungsversuche hinsichtlich unserer Gesellschaftsform – da fallen Begriffe wie Multi-options- oder offene Gesellschaft. Aber was ist damit konkret gemeint, von welchen Optionen ist hier die Rede, für wen ist die damit verbundene Entscheidungsfreiheit vorhanden? Wohl nicht für jene jugendlichen Bildungs- und in weiterer Folge Systemverlierer, die weder einen Schulabschluss noch eine fertige Berufsausbildung vorweisen können und deren Zahl in Österreich mittlerweile an die 80.000-Marke[3] heran-reicht. Wenn man aktuellen Medienberichten und im Internet veröffentlichten Statistiken glauben darf, dann zeigt sich euro-paweit ein noch weit düsteres Zustandsbild.

Ähnlich verhält es sich mit dem Terminus der offenen Gesellschaft, ein Unwort par excellence – entbehrt es doch jeder klaren Zuordnung. Hier tritt offensichtlich jener unse-rem Zeitgeist innewohnende Euphemismus zutage, den wir aus vielen Lebens- und Sozialbereichen kennen. Ich verweise in diesem Kontext nur auf das beschönigende Hüllwort der „Freisetzung", wenn eigentlich die Kündigung und damit der Verlust der Arbeit und der Entzug der finanziellen Lebens-grundlage gemeint ist.

Da stellt sich doch zwangsläufig die Frage: Wie definiert sich eine offene Gesellschaft? Ist damit eine Öffnung in alle Richtungen impliziert? Wenn darin nichts „Richtungswei-sendes" erkennbar ist, wenn es nirgendwo Begrenzungen gibt, wenn also etwas nach allen Seiten offen ist, hört man im Volksmund gerne den Ausspruch, dass dann dasjenige oder

---

3   Wien – Etwa 75.000 Jugendliche in Österreich besuchen keine Schule, gehen keiner Arbeit nach und befinden sich nicht in beruflicher Fortbildung. Beson-ders stark betroffen sind junge Menschen mit Migrationshintergrund, wie eine Erhebung des Instituts für Soziologie der Universität Linz in Zusammenarbeit mit der Arbeiterkammer (AK) Oberösterreich zeigt. Demnach fällt beinahe je-der fünfte junge Migrant in die Gruppe der sogenannten NEET-Jugendlichen („Not in Education, Employment and Training").
Quelle: http://derstandard.at/1328507725363/Statistik-Austria-Jeder-fuenfte-junge-Migrant-ohne-Ausbildung-Betreuung-oder-Job
Meldung vom 14.02.2012

derjenige etwas undicht sei – und vielleicht liegt er (der Volksmund) damit gar nicht so falsch.

Die genannten Bedingungen bilden den Nährboden für kollektive Verhaltensmuster, die sich in Desinteresse, Destruktion, Desorganisation, Desorientiertheit, Delinquenz und nicht zuletzt in einer gesellschaftlich desolaten Klammerfunktion widerspiegeln und damit die Dynamik einer für unsere Nachfolgegeneration kaum reparablen Desintegration einleitet, weil dieser weder Grenzen noch Perspektiven aufzeigt.

Den aufmerksamen Lesern und Leserinnen dürfte kaum entgangen sein, dass die vorhergehenden (absichtlich lose), aneinandergereihten Substantive alle mit einem „D" beginnen, was mich veranlasst hat, die Repräsentanten und Repräsentantinnen dieser Eigenschaften als D Generation zu subsumieren.

Diese sind äußerlich nicht so auffallend wie seinerzeit die Hippies oder in den späten Siebzigern die Punks. Sie postulieren ihre Grundsätze (sofern überhaupt vorhanden oder als solche erkennbar) nicht lautstark, und sie treten auch nicht als Gruppe mit klar gestellten Forderungen auf. Sie sind auch nicht sofort durch Kleidung oder sonstige gemeinsame Äußerlichkeiten erkennbar.

Wie auch immer sie in Erscheinung treten, welche der D-Charakteristik auf sie auch zutreffen mag, sie haben eines gemeinsam: ein äußerst fragwürdiges Verständnis von Freiheit, welches in einer egozentrisch dem Hedonismus verbundenen Selbstverwirklichung zutage tritt und jede Form von Solidarität vermissen lässt.

Es ist durch die Geschichte belegt, dass Subkulturen dort gut gedeihen können, wo die gesellschaftlichen Rahmenbedingungen die nötigen Voraussetzungen dafür bieten. Sie treten entweder als Protestbewegung wider die gesellschaftlichen Rahmenbedingungen auf oder entstehen, wie gerade aufgezeigt, im Rahmen der vorhandenen Bedingungen.

Die daran anknüpfende Assoziation zu einem ansatzhaft beginnenden Degenerationsprozess unserer gesellschaftlichen Strukturen ist dabei durchaus beabsichtigt, zumal dieser einem erfahrungsgeschichtlich, kulturphilosophisch untermauerten Regelkreis unterliegt, welcher den sogenannten *Späten Zustand* einer Zivilisation[4] augenfällig charakterisiert:

Dieser späte Zustand ist geprägt von einer demografisch vorhandenen, jedoch im Lebensstil geleugneten Überalterung einer Gesellschaft und damit einhergehende indifferente Jugendkulturen, verbunden mit der Regellosigkeit anarchisch geprägter (medialer) Unterhaltungsindustrien in Form von Endzeit-Computergames und diversen B-Movies. Dazu gesellen sich die Künstlichkeit digitalisierter Lebens- und Erfahrungsbereiche sowie ein kühler, dem Egoismus verbundener Tatsachensinn anstelle sozial-ethisch-moralischer Überlegungen.

Irreligiosität und ein sich ungesund entwickelnder Materialismus verbunden mit dem Machtanspruch formloser, nicht fassbarer Gewalten, wie sie sich gegenwärtig in einer zügellosen und menschenverachtenden Form des Kapitalismus darstellen, runden das genannte Zustandsbild ab. Degenerative Prozesse gehen zudem einher mit einer unverhältnismäßig hohen Selbstbezogenheit, welche naturgemäß eine Vernachlässigung der Brutpflege mit sich bringt.

Dieser Umstand offenbart sich im Bereich der Erziehung insoweit, als dieselbe gegenwärtig keinen einheitlich klar aufgestellten Regeln folgt. Die daraus folgende Verunsicherung führt mitunter zu Situationen, in denen sich die mit der Erziehung und Bildung betrauten Bezugspersonen unseres Nachwuchses die Verantwortung gegenseitig zuschieben.

---

4 In Anlehnung an Spengler, O.: Der Untergang des Abendlandes – Umrisse einer Morphologie der Weltgeschichte. Wien 1918 / Düsseldorf 2007.

Da höre ich von Lehrerinnen und Lehrern, dass sie im Rahmen ihrer lehrenden Tätigkeit endlich wieder „normal unterrichten möchten" und nicht die Hälfte der Unterrichtszeit damit verbringen wollen, „Verhaltenskunde" zu unterrichten. Da höre ich von Eltern den Ausspruch, dass das Erlernen grundlegender Verhaltensregeln, wie z. B. „dass man sich für eine Ungehörigkeit zu entschuldigen hat oder seine Sachen in Ordnung halten soll", durchaus dem schulischen Erziehungsbereich zuzumuten sei. Da höre ich von Kindergartenpädagoginnen, dass Kinder mit fünf Jahren noch immer nicht ordentlich mit Besteck essen können, und von Eltern, dass dies eine Kulturfertigkeit sei, die sie gefälligst im Kindergarten lernen sollen. Dass die genannten Beispiele keine Einzelfälle darstellen, demonstriert der Bestseller vom Niki Glattauer. „Leider hat Lukas …" ist ein Buch, welches in seiner satirischen Schreibweise zum Schmunzeln anregt, jedoch den Kern der „Sache", nämlich das Hin- und Herschieben erzieherischer Verantwortung, den Leserinnen und Lesern klar vor Augen führt. Das Buch ist in Form eines Elternheftes gehalten und gibt den „Briefwechsel" der Eltern und Lehrer von Lukas wieder:

Sehr geehrte Frau Gruber!

Leider stört Ihr Sohn Lukas fast jeden Vormittag den Unterricht. Er tratscht und verweigert jede Form der Mitarbeit (Aufzeigen!). In den Pausen nervt er seine Lehrer mit provozierenden Äußerungen oder er schreibt Hausübungen ab. Reden Sie bitte mit ihm.

Mag. R. S., Klassenvorstand

Sehr geehrte Frau Prof. S.!
Leider verdirbt uns Ihr Schüler Lukas fast jeden Abend
die Stimmung. Er schweigt und verweigert jede Form
der Mitarbeit (Tisch decken)! Beim Abendessen nervt er
seine Familie mit seinem Smart-Trottel oder er streitet
mit seiner Schwester. Reden Sie bitte mit ihm!
Mag. S. G., Mutter[5]

Ich gehe in meinen weiteren Überlegungen davon aus, dass dieser in Satire gepackte Sachverhalt mit klar geregelten Gesetzmäßigkeiten innerhalb des jeweiligen Gesellschaftssystems zu tun hat und dieses System in seiner Stringenz gegenwärtig aussetzt. Das Ergebnis ist eine permanente Unsicherheit, in der vor Ort erforderlichen Aufgabenteilung, die erzieherischen Maßnahmen betreffend. Lassen Sie mich diesen Ansatz nachfolgend erörtern:

Seit jeher war es die vornehmliche Aufgabe des Elternhauses, die Erziehung ihres Nachwuchses zu bewerkstelligen. Aber auch der Schule bzw. den lehrenden Personen kam ein nicht unwesentlicher Teil der erzieherischen Tätigkeit zu.

Die Geschichte der Pädagogik zeigt eindeutig, dass es hinsichtlich der Verteilung der Verantwortung immer wieder Schwankungen gegeben hat. Jedoch stand die Zuweisung (wo auch immer der Schwerpunkt zu liegen kam) fest, und somit gab es im Prinzip klare Verhältnisse, die kaum zu Auseinandersetzungen zwischen Eltern und Pädagogen bezüglich der Verantwortlichkeit führten. Gestatten Sie mir daher einen exemplarisch angelegten Denkansatz und schauen wir dazu ein wenig in die Anfänge von organisierter Erziehung und Bildung.

---

5 Glattauer, N.: Leider hat Lukas … Wien 2013 (Klappentext).

Bildung und Erziehung in strukturierter Form hat ihren Ursprung in der Antike und wird als familiale Phase bezeichnet, da die Schule die Familie in der Erziehung der Nachkommen nur unterstützte: „Wie bei den Griechen erfolgten Erziehung und Unterricht im alten Rom ursprünglich durch die Eltern selbst. Später unterstützte sie dabei der ‚paedagogus‘, ein gebildeter Freigelassener oder Sklave. Erziehung erfolgte nach exempla (vorbildliche Beispiele). Das Vorbild der Eltern und die starke Bindung an den ‚mos maiorum‘ (die Sitte der Vorfahren) bestimmten das Denken der jungen Menschen von klein auf."[6]

Ähnlich verhält es sich in den darauffolgenden Epochen; von der monastischen Phase des Früh- und Hochmittelalters, in der in erster Linie die Klöster die Bildungszentren waren, über die urbane Phase, beginnend im Spätmittelalter bis in die Zeit des frühen Humanismus, in der sich (von den Bürgern ausgehend) ein differenziertes Bildungssystem entwickelte, bis hin zur Phase der staatlichen Obrigkeit, in der Erziehung und Bildung zur öffentlichen Sache wurde. Die anfänglich herrschenden „Obrigkeiten", die ihre Weltanschauung zu installieren versuchten, wurden Gott sei Dank von einem demokratisch geprägten Bildungsverständnis abgelöst.

So unterschiedlich sich diese Epochen gestaltet haben – eines ist ihnen allen gemeinsam: Sie waren geprägt von dem, was die Römer unter „exempla" und „mos maiorum" in ihrem Verständnis hinsichtlich der Weitergabe ihrer Lebensprinzipien subsumiert haben. Es sind die allgemeingültigen Wertvorstellungen und damit verbundenen Sitten und Bräuche einer Gesellschaft – das Ethos eines Kollektivs, welches das Gemeinsame sucht und dessen Positionen letztendlich nicht darin enden, auftauchende oder vorhandene Problemfelder dem jeweils anderen zuzuschieben.

---

6 Peterseil, E.: In: Noricum Ripense Online 2014.

Und wenn diesem Ethos ein demokratisches Grund- und Rechtsverständnis zu eigen ist, wenn es durchwirkt ist vom Respekt vor der Würde jeder einzelnen Person unabhängig von Alter, Geschlecht, Rasse und Bildungsstand, also ein den Menschenrechten absolut verpflichtetes Grundverständnis aufweist, dann hat dieses Kollektiv die unabdingbare Verpflichtung, all diese Werte unmissverständlich einzufordern und bei Missachtung gegebenenfalls zu ahnden. Aber gerade in diesen Punkten krankt unser Gesellschaftssystem zeitweilig – und das nicht nur in den ausgewiesenen Bereichen von Erziehung und Bildung.

Autoritär, antiautoritär, irregulär

„Was ist bloß mit unseren Kindern los?", ist der Ausruf einer genervten Mutter, die im Rahmen eines Elternsprechtages aus dem Klassenzimmer ihres Sohnes kommt. Und sie fügt hinzu: „Ich weiß wirklich nicht mehr, was ich machen soll!"

In erziehenden Bereichen wie Elternhaus oder Schule macht sich Ratlosigkeit breit. In „Begegnungsfeldern", die nichts mit Erziehung im herkömmlichen Sinne, sondern mit der Auswirkung derselben zu tun haben, schreitet man zur Gegenwehr. So finden sich im Internet (man kann es kaum glauben) einige Tausend Einträge von Hoteliers, die ihre Destinationen als kinderfrei anpreisen. Dies hat mich veranlasst, in Form einer telefonisch durchgeführten Anfrage[7] nach den Gründen zu fragen. Demnach hat dieser Trend keineswegs mit einer generellen Kinderfeindlichkeit zu tun, sondern schlichtweg mit der Tatsache, „dass einige Eltern ihre Kinder nicht im Griff haben:

---

7 Nicht standardisiertes, offenes Interview. Da sich die Antworten als deckungsgleich erwiesen haben, wurden diese in Form von typischen Zitaten zusammengefasst.

Kinder, die schrill schreiend durch die Hotellobby rennen und auf den Fauteuils und Sofas herumspringen. Eltern, die mild lächelnd ihre Kinder beobachten und zusehen, wie sie im Suppen-, Salat- und Nachspeisenbuffet herumplantschen, sind den anderen Gästen einfach nicht zuzumuten". Spricht man Eltern auf das Fehlverhalten ihrer Kinder an, kommen immer die gleichen stereotypen Antwortmuster: „Seien Sie nicht so kleinlich, wir waren alle einmal Kinder. Was wollen Sie, wir haben ja Urlaub und bezahlen dafür. Wie sollen sie es denn lernen, wenn sie nichts ausprobieren dürfen?"

Diesen Aussagen ist natürlich sofort entgegenzusetzen, dass es Lernphasen gibt, in denen Aufsicht im Sinne von Draufsicht gefordert ist. Kinder können nicht alles grenzenlos, ohne die sie schützende Rahmenbedingungen ausloten. Es gibt Phasen in der Entwicklung, in der sie Gefahren noch nicht erkennen und schon gar nicht abschätzen können. Ich brauche doch wohl nicht das allgemein bekannte Beispiel von der heißen Herdplatte bemühen. Da achten wir logischerweise sehr darauf, dass sich die Kinder nicht verbrennen. Bei Handlungsweisen, die ihnen jedoch in Form von gesellschaftsfeindlichen Spätfolgen Schaden zufügen, sind wir wesentlich inkonsequenter.

***

Eltern von heute wissen grundsätzlich, was sie nicht wollen: Sie wollen nicht autoritär sein und büßen dabei ihre Autorität ein. Sie wollen nicht die gleichen Fehler wie ihre Eltern machen, sie wollen ihren Kindern grundsätzlich keinen Schaden zufügen und sind von gut meinenden Freunden, selbst ernannten Fachleuten und oberflächlichen Medienberichten derart verunsichert, dass sie nicht mehr erziehen und „es" einfach geschehen lassen.

Hinzu kommt, dass erziehendes Handeln Arbeit ist, welche Nachhaltigkeit verlangt und daher Auseinandersetzung, Durchhaltevermögen und Konsequenz erfordert, und dies meist zu einem Zeitpunkt, wo der Elan des Tages stark nachlässt. Übrigens, Kinder haben dafür eine untrügliche Spürnase und wissen genau, welcher Zeitpunkt günstig ist, um mit hoher Wahrscheinlichkeit ihr Ansinnen durchzusetzen, und beweisen, wenn es zur Konfrontation kommen sollte, mehr Nervenstärke als ihre gestressten Eltern.

Die logische Konsequenz daraus ist eine immer stärker werdende resignative Grundhaltung, die sich unter den Erziehenden breitmacht, und die daraus folgende Tatsache, dass immer weniger erzogen wird. Denn, wer nicht erzieht, kann auch nichts falsch machen – oder?[8]

Würde man den gegenwärtigen Erziehungstrend eine Definition zuführen wollen, müsste diese wohl Attribute wie hilflos, mutlos oder ratlos beinhalten. Erziehungsmuster folgen gegenwärtig keinen allgemeingültig verbindlichen Regeln und spiegeln letztendlich die kultivierte Unverbindlichkeit unseres Gesellschaftssystems wider.

Wesentliche Einflussfaktoren zum genannten Tatbestand sind die noch immerwährenden Ausläufer eines pädagogischen Zeitgeistes im Gefolge der 68er-Ideologien, die eine unbekümmerte edukative Haltung Kindern gegenüber postulierten und in der sogenannten antiautoritären Erziehung ihren Höhepunkt erlebt haben.

Das Elterndasein und die damit verbundenen Aufgaben sollten sich demzufolge auf „Wartungsfunktionen" im Rahmen der Grundbedürfnisse in der unteren Stufenfolge der

---

8 Vgl. Zangerle, H.: Wer nicht erzieht, macht auch nichts falsch. Oder? In: Psychologie Heute. Dezember 2000

Maslowschen Bedürfnispyramide reduzieren. Gemeint ist damit die Versorgung der physiologischen Grundbedürfnisse.

Ansonsten sollten sich Eltern demnach getrost zurücklehnen und der Entwicklung ihrer Sprösslinge freien Lauf lassen. Jeglicher erziehende Eingriff wurde kritisch beäugt und schlimmstenfalls als manipulative Einengung autonomer kindlicher Entwicklung gesehen. Es steht natürlich außer Frage, dass ich damit einer schwarzen Pädagogik nicht das Wort reden möchte und diese in all ihren in den vorigen Jahrhunderten praktizierten und pervertierten Erscheinungsformen strikt ablehne. Jedoch brachte das von den Verfechtern antiautoritärer Erziehungsmodelle geprägte Szenario eine derartige Verunsicherung mit sich, die sich in einer Art pädagogischer Ausweichbewegung manifestierte und eine alles gewährende Grundhaltung zur Folge hatte, welche die herkömmlichen Erziehungsmuster zwar verneinte, aber keine wirklich greifbare Alternative anbieten konnte.

Erschwerend kam hinzu, dass extreme Gruppierungen von Pädagogen und Psychologen die antiautoritäre Idee derart skrupellos propagierten, dass sie Erzieher und Kinder durch die damit verbundene gnadenlos eingeforderte Freiheit an den Rand der Erschöpfung brachten. Die bekannten Handlungsmuster in Sachen Erziehung waren verpönt und neue Begrenzungsmaßnahmen gab es nicht, da für die genannten Gruppierungen die mit dem antiautoritären Gedankengut verbundenen Regelwerke darin bestanden, dass es keine allgemeingültigen Regeln gab.

Fazit: Angesichts anhaltender Erziehungsunsicherheit in den vergangenen Jahrzehnten und daraus resultierender gegenwärtiger Erziehungsresignation lernen Kinder und Jugendliche kaum noch Grenzen kennen.

***

So wie Kinder im vorigen Jahrhundert durch eine stark einengende Erziehung in ihrer Entwicklung eingeschränkt wurden, so gewährt man ihnen einen unbeschränkten und (was noch schlimmer ist) unreflektierten Freiraum und entlässt sie dadurch in ein Vakuum der Orientierungslosigkeit.

Ein damit gepaarter und kaum wiedergutzumachender Faktor ist, dass der oder die Heranwachsende kaum jemals die Chance bekommt, kräftig gegen etablierte Normen zu opponieren. Es sind ihnen die „Reibebäume" abhanden gekommen; egal ob uns der oder die Jugendliche übersät mit Piercings, Tattoos, und fünffärbig gestylten Haarschmuck begegnet, es wird akzeptiert, toleriert oder bewusst übersehen, und was noch erschwerend hinzukommt – mitunter von den Eltern kopiert.

Kein Anecken am Establishment und den damit einhergehenden bürgerlich-konservativen Normvorstellungen ist möglich. Bedauernswerte „Kids" – es bleibt ihnen nicht mehr viel, wo die „Etablierten" aufschreien oder betroffen reagieren, vielleicht noch das Abgleiten in rechts- oder linksextreme Ideologien, ins Suchtmilieu oder bestenfalls durch die Entwicklung von Neurosen. Aber auch dafür haben wir friktionsreduzierte Lösungen parat, die ich, um mich nicht in „Fremdgebieten" zu verlieren, anstelle von Ausführungen beispielhaft mit einem Bericht des „Barmer Arztreports"[9] des Jahres 2013 darstellen möchte:

Die Zahl der diagnostizierten ADHS-Fälle
(Aufmerksamkeitsdefizit- / Hyperaktivitätsstörung) stieg
in Deutschland[10] zwischen 2006 und 2011 bei den

---

9 In: Imago Hominis. Quartalschrift für Medizinische Anthropologie und Bioethik, Heft 1, 2013. Quellen: Barmer Arztreport, Pressemitteilung, 29. Jänner 2013 (online). Standard, 5. Februar 2013 (online).

10 In Österreich gibt es dazu noch keine eigene Studie, jedoch sind sich Experten darüber einig, dass die Ergebnisse im prozentualen Vergleich generell auf Österreich übertragbar sind.

unter Neunzehnjährigen um 42 Prozent, wie aus dem jüngsten Barmer-Arztreport 2013 hervorgeht. Die höchsten Verordnungsraten finden sich bei Kindern im Alter von elf Jahren. Im Laufe der Kindheit und Jugend wurden damit schätzungsweise 10 Prozent aller Buben und 3,5 Prozent aller Mädchen mindestens einmal medikamentös behandelt. Anlässlich der Vorstellung des Reports zeigte man sich über diese Entwicklung[11] besorgt und ortete einen inflationären Anstieg von Diagnose und medikamentöser Therapie. „Wir müssen aufpassen, dass uns die ADHS-Diagnostik nicht aus dem Ruder läuft und wir eine ADHS-Generation fabrizieren", so der stellvertretende Vorstandsvorsitzende der Barmer GEK, Rolf Schlenker, denn: „Pillen gegen Erziehungsprobleme sind der falsche Weg."

Das etikettierte Kind

Aus dem quirligen Zappelphilipp (die männliche Form ist nicht nur auf den gleichnamigen Jungen im „Struwwelpeter"[12] gemünzt, sondern zeigt auch auf, dass sich laut oben genannten Bericht insbesondere bei Knaben deutlich mehr Fehldiagnosen ergaben als bei Mädchen) wurde das „diagnoseetikettierte Kind".

Bei einem stets ansteigenden Anteil von lernschwachen und verhaltensauffälligen Kindern, ich vermeide bewusst den abnormen Ausdruck „verhaltenskreativ", ist es durchaus nach-

---

11 Die Ausgaben für ADHS-Medikamente haben sich von 1993 bis 2003 verneunfacht.

12 Im Jahre 1845 veröffentlichte der Frankfurter Arzt Heinrich Hoffmann das gleichnamige Buch, in dem Kinder in kommentierten Bildgeschichten die Konsequenz ihres Fehlverhaltens erleiden. Ein Junge namens Philipp, der nicht „… still am Tische sitzen will …", schaukelt und gaukelt und fällt daraufhin mitsamt Tischdecke und Mahlzeit zu Boden.

vollziehbar, dass der Ruf nach Experten und schnell anwend-
baren Rezepturen immer stärker wird.

Dieser Ruf ist vom selben Ungeist kontaminiert wie jene gän-
gige Reparatur- und Therapiementalität, zahlreiche Verhaltens-
und Lernstörungen betreffend, die den Bogen von diversen Trop-
fen und Pillen über permanent andauernden therapeutischen
Methoden bis hin zu verschreibungspflichtiger medikamentöser
Behandlung spannt. Diese Therapien richten mitunter mehr
Schaden an, als sie Hilfestellung sind, weil sie den Erziehungsbe-
rechtigten die dingliche Verantwortung nehmen, die notwendig
wäre, um die Probleme bei der Wurzel zu packen – nämlich
erziehend tätig zu werden. Stattdessen wird bei der kleinsten,
in der kindlichen Entwicklung naturgegebenen, notwendigen
Normabweichung analysiert, interpretiert und therapiert.

Es sind nicht die eben genannten Umstände an sich, die
fragwürdig sind, und mir ist schon klar, dass jede der oben
genannten und in ausgeprägten Ausnahmefällen angewand-
ten Behandlungen ihre Berechtigung hat – vor allem dann,
wenn sie von erfahrenen und dafür ausgebildeten Fachleuten
nach bestem Wissen, Gewissen und Können verordnet bzw.
gehandhabt werden. Nein, es ist der frivole, unbegrenzte und
unreflektierte Umgang mit der psychischen und physischen
Gesundheit unserer Nachkommen, der äußerst bedenklich ist.
Und es ist die Unmäßigkeit, die sich längst schon in einem
lukrativen Wirtschaftszweig manifestiert hat.

***

Es ist eine durch die Vergangenheit eindeutig erwiesene Tatsache, dass in jedem sozialen Gefüge, wo Maß und Mitte verloren
gehen, eine Eigendynamik entsteht, die ähnlich einer Pendelbe-
wegung zu jeder Strömung eine Gegenströmung einleitet.

So finden wir mangelnde Fürsorge und grobe Vernachlässigung auf der einen und übertriebene Betreuung und unverdiente „Belohnung" auf der anderen Seite. Einer der ersten Autoren, der die Thematik rund um die „Verwöhnungsfalle" klar angesprochen hat, ist der Sozialpädagoge und Erziehungswissenschaftler Albert Wunsch, der eine klare Grenze zwischen situationsgemäßer Zuwendung und Verwöhnung zieht: „Zuwendung orientiert sich am anderen, an seinen Entwicklungsschritten, Erwartungen, Möglichkeiten und Grenzen, ist wohlwollend und ermutigend auf Eigenverantwortung gerichtet." Verwöhnung zeigt sich dagegen gerne im Gewand der Zuwendung und umhüllt das eigentliche Vorhaben, weil sich der Akt der Verwöhnung an den Absichten des bzw. der Verwöhnenden orientiert: Ob nun kontinuierliches Fehlverhalten übersehen oder Hürden weggeräumt werden, „… es geht um den eigenen Vorteil, nicht um das Wohl des Kindes. Ein konfliktfreies Szenario – ohne jedwede Herausforderung – wird zur vermeintlichen Lebenswelt. Erfolg wird ohne eigenen Beitrag erfahrbar, Passivität wird belohnt"[13]. Der junge Mensch gewöhnt sich sehr schnell an einen Mechanismus, der ihm suggeriert, dass fast alles ohne große Anstrengung zu bekommen sei, denn Verwöhnung und Gewöhnung sind Geschwister, und er wird schmerzlich dort scheitern, wo das elterliche „Unmaß" nicht mehr heranreicht.

Der deutsche Pädagoge Josef Kraus[14] wiederum beleuchtet in seinem jüngst erschienenen Werk „Helikoptereltern" eine geradezu paranoid anmutende Erscheinungsform elterlicher Fürsorge gepaart mit den Bestrebungen, das Kind als Statussymbol zu generieren.

---

13 Wunsch, A.: Die Verwöhnungsfalle. München 2000.
14 Kraus, J.: Helikopter-Eltern. Schluss mit Förderwahn und Verwöhnung. Reinbek 2013.

Er charakterisiert das damit gekoppelte Erziehungsanliegen, diesen vorwiegend in gut situierten Klein- und Kleinstfamilien auftretenden Formalismus, als klare „Überförderung".

Das passiert hauptsächlich bei Eltern, die meinen, die zukünftigen Entwicklungen ihrer Sprösslinge fest im Griff haben zu müssen, und sie bekunden dies mit Überbehütung und Übergratifikation. Die Folgen sind permanente Kontrolle, Einengung und Drill, begleitet von der Angst, etwas zu übersehen, was das „Kunstwerk Kind" gefährden könnte.

Pervertiert wird dieses Erziehungsprogramm durch die Beteuerung der Eltern, dass sie ja nur das Beste für ihr Kind wollen.

Da denke ich an folgende Episode: Ich war mit meiner Familie in Urlaub und traf dort einen ehemaligen Schüler. Seinerzeit schon ein typisch überfördertes Kind – die Eltern: beide Akademiker und sehr ehrgeizig.

Der Weg ihres Sohnes schien durch klar strukturierte Freizeit- und außerschulische Aktivitäten, wie zum Beispiel Fechten, Tennis, Schach und letztendlich eine Sommerakademie für Kinder, vorgezeichnet. Nach dem Schulabschluss sollte er Medizin studieren, was er vorerst (als gut gedrilltes Kind) auch tat.

Allerdings hatte er dann, wie er mir bei dieser Begegnung erzählte, das Medizinstudium nach zwei Semestern geschmissen und, sehr zum Missfallen seiner Eltern, einen technischen Berufsweg eingeschlagen. Interessant war allerdings die Begründung, mit der er sich aus der elterlichen Umklammerung gelöst hatte. Er tat dies mit folgenden Worten: „Ich weiß, meine Eltern wollten immer nur mein Bestes – aber ich habe es ihnen nicht gegeben!"

Ein bezeichnendes Beispiel von pathologischer Überbehütung liefert uns abschließend der bekannte Schauspieler Gregor Bloéb im Rahmen eines Interviews[15]: „Auf Sylt haben wir ein-

---

15 Kleine Zeitung, 03. Mai 2014.

mal einen Buben auf einem Laufrad gesehen, der eingepackt war in Schutzkleidung. Der konnte sich ja schon kaum bewegen. Dann ist er umgefallen. Also, das war ein Sturz, da hätte ich bei meinen Kindern das Gespräch nicht unterbrochen. Dort sind aber gleich fünf Erwachsene aufgeregt durch die Gegend gerannt. Da musste ich hinüberschreien: ,Aussterben, ihr werdet aussterben.'"

Über die Erziehungs(un)fähigkeit

Die in den letzten Jahrzehnten massiv auftretende Orientierungslosigkeit in Erziehungsfragen brachte aber auch eine weitere „Blüte" mit der Kurzformel *Beziehung statt Erziehung* zum Vorschein. Dieser Ansatz führt sich insofern ad absurdum, als das eine das andere bedingt und die eigentliche Formel lauten müsste: *Erziehung durch Beziehung* bzw. *Beziehung durch Erziehung.*

Erziehung und Bildung und damit verbundene Lernvorgänge unterliegen einer prinzipiellen Regelhaftigkeit, die ich nicht nur der Vollständigkeit halber in Erinnerung rufen möchte, da sie angesichts solcher und ähnlicher haarsträubender Thesen verwässert, verdrängt oder in Vergessenheit geraten scheinen.

Der Münsteraner Erziehungswissenschaftler H. Bokelmann führt den Erziehungsbegriff einer allgemeingültigen Definition zu, indem er Erziehung als dasjenige Handeln charakterisiert,

> „… in dem die Älteren den Jüngeren im Rahmen gewisser Lebensvorstellungen und unter konkreten Umständen sowie mit bestimmten Aufgaben und Maßnahmen in der Absicht einer Veränderung zur eigenen Lebensführung verhelfen".[16]

---

16 Bokelmann, H.: In: Speck & Wehle 1970, Bd. II.

Und zwar so, dass die Jüngeren das erzieherische Handeln der Älteren als notwendigen Beistand für ihr Dasein erfahren, kritisch zu beurteilen und selbst fortzuführen lernen.

Es geht also grundsätzlich um eine bewusst methodisch angelegte Sozialisation junger Menschen, in der diese mit jener Fitness ausgestattet werden sollten, die sie benötigen, um im vorherrschenden Gesellschaftssystem gut bestehen zu können.

Weiters geht es um das Bewusstwerden ethisch-moralischer Wertvorstellungen, die dazu dienen, das jeweilig vorherrschende Gesellschaftssystem im Sinne der Menschenrechte zu bewahren und, wenn nötig, dahin gehend zu korrigieren.

Ich denke, dass dieser Anspruch grundsätzlich einleuchtend ist und nichts dagegen spricht, diese Forderung in die Tat umzusetzen. Warum dies aber immer weniger gelingt, liegt einerseits in einem bisher nie dagewesenen Zuständigkeitsvakuum der dafür Verantwortlichen begründet, da diese kontinuierlich die Rahmenbedingungen für Erziehungsberechtigte erschweren, indem sie Eltern wie Lehrern jegliche „Erziehungsmittel" aus der Hand genommen haben, ohne adäquate Handlungsalternativen anzubieten, andererseits in der Schwierigkeit, dass bei Erziehungsarbeit der Schwerpunkt auf Arbeit liegt. Eine nicht immer friktionsfreie Interaktion, die verbunden ist mit unzähligen kleinen und größeren Auseinandersetzungen, mit wiederholtem Kräftemessen, um Grenzen auszuloten, um diese zu erweitern oder zu verringern.

Zudem erfordert erziehende Tätigkeit einen hohen Zeitaufwand, und wenn der oder die Erziehende sich alleingelassen fühlt, weil kein Familienverband (im Sinne von Verbundenheit und Verantwortung) besteht und die überbordende Individualanforderung über ihre bzw. seine Kräfte geht, verfällt der oder die Betroffene nach Abschluss einer kürzeren oder länger andauernden Aggressionsphase sehr schnell in Resignation.

würde. Da hat sich ja einiges – vor allem im Bereich der Medien – erfüllt und ist zum nicht mehr einholbaren Selbstläufer geworden.

Allerdings ist unmissverständlich festzuhalten, dass dies für die von erzieherischen Denkmustern der Nachkriegszeit geprägte Gesellschaft einen absolut notwendigen Akt des Umdenkens darstellte, um der damals vorherrschenden schwarzen Pädagogik und ihren Ausläufern den Kampf anzusagen.

Die Menschen, besonders Intellektuelle in der ganzen Welt, wurden von der Idee Adornos ergriffen, die verbunden war mit der Sehnsucht nach Selbstbestimmung, demokratischen Grundwerten und der Faszination von Utopie, Gerechtigkeitsversprechen und Gleichheit im Sinne marxistischer Denkmuster.

Wie wir aus soziologischen Studien wissen, hat jedes Kollektiv die Tendenz, eine träge Masse zu sein – so gesehen kann man die Auswirkung der Frankfurter Schule als absolut außerordentlich bezeichnen.

Allerdings bildeten sich vorwiegend in Westdeutschland in kürzester Zeit massiv auftretende Divergenzen zwischen den Generationen, die in Folge sogar dazu führten, dass viele Eltern die Meinung vertraten, dass sie ihre Kinder in den wichtigen Fragen der Lebensorientierung nicht mehr beeinflussen dürften.

Dies zeitigten dann noch einige Ausläufer bis in die frühen Neunzigerjahre, wie die Allensbacher[24] Umfrage aus dem Jahr 1986 belegt. Demnach waren die Dinge, bei denen die Eltern ihre Kinder am wenigsten beeinflussen wollten, jene, die die grundsätzliche Wertorientierung betrafen – hier haben dann die Vertreter der antiautoritären Erziehung wohl ihre Kinder

---

24 Das Institut für Demoskopie in Allensbach ist eine Gesellschaft zum Studium der öffentlichen Meinung.

mit dem Bade ausgeschüttet. So wie es damals eine absolute Notwendigkeit darstellte, die versteinerten, rigiden Erziehungsmodalitäten ohne Wenn und Aber einzustellen bzw. abzuschaffen, so unerlässlich ist es heute, Strukturen zu schaffen und Regeln einzufordern, die gepaart sind mit Fürsorge und Zuwendung, aber ganz klar Verantwortungsbereitschaft und Disziplin einfordern. Regellosigkeit zieht unweigerlich Grenzenlosigkeit nach sich. Wenn die Grenzen fehlen, fehlen die Leitplanken in den Haarnadelkurven des Lebens, und es entbehrt jeder Verantwortung, Kinder und Jugendliche so lange in Ausweichmanöver hineinschlittern zu lassen, bis sie aufgrund fehlender Sicherungsvorkehrungen abzustürzen drohen.

Nicht abgesicherte neutral-soziale Verhaltensweisen laufen allemal Gefahr, nicht mehr verantwortungsbewusst wahrgenommen zu werden, und gleiten in das Nirwana der Wertlosigkeit und in Folge in die gelebte Belanglosigkeit ab. Dieser Umstand rächt sich jedoch naturgemäß gewaltig, weil uns dadurch das kollektive Bewusstsein abhandenkommt, welches uns vor pathologisch anmutenden, egozentrierten Lebensentwürfen schützt. Beispiele finden wir zur Genüge im Bankwesen und in der Wirtschaft, wo „Macher" ohne Verantwortungsbewusstsein und mit mangelnder fachlicher Kompetenz ihre verantworteten Bereiche bedenkenlos auslagern oder gegen die Wand fahren.

„… und unter konkreten Umständen …"

Angesichts des Verfalls herkömmlicher Leitwerte und damit einhergehender zunehmender Gewaltbereitschaft bei Jugendlichen in den meisten europäischen Ländern zeigt sich, dass sich kaum jemand verantwortlich fühlt, den Jugendlichen angemessene sanktionsrelevante Grenzen aufzuzeigen, damit sie ihre diesbezüglichen Impulse zu beherrschen lernen.

Das Gegenteil ist der Fall: Da überfallen drei Jugendliche einen Schüler, um ihm sein Handy und fünf Euro zu rauben, schlagen ihm seine Kappe vom Kopf, werfen ihn zu Boden und „krönen" diesen Gewaltakt mit zwei Fußtritten. Vier Stunden später werden die Jugendlichen ausgeforscht und auf freiem Fuß angezeigt.

So zeigt uns die Kriminalstatistik aus dem Jahre 2012[25], dass in Österreich knapp 3000 Delikte gegen Leib und Leben (inklusive Mord) Jugendlichen und Heranwachsenden zur Last gelegt wurden.

In Deutschland wurden im selben Jahr knapp 45.000 jugendliche Gewaltverbrechen registriert, davon wurden etwas mehr als 7000 von Kindern unter vierzehn Jahren begangen[26]. Wenn dann verlautbart wird, dass die genannten Delikte „nur" um 0,8 Prozent zugenommen haben, dann muss man sich vor Augen führen, dass es sich dabei um 360(!) Menschen handelt, denen unvorstellbares Leid zugefügt wurde, verbunden mit psychischen und physischen Dauerschäden oder gar dem Tod. Hinzu kommt, dass ja nicht nur der Betroffene selbst, sondern sein ganzes Umfeld in Mitleidenschaft gezogen wird.

***

Geringe Anlässe können ausreichen, um Gewalt auszulösen, berichtet auch die Bundespolizei. Wenn es denn überhaupt einen Anlass braucht.

Das musste auch ein Rentner in der Münchner U-Bahn erleben, als er zwei Heranwachsende auf ein Rauchverbot hinwies. Er erlitt mehrere Schädelfrakturen mit Einblutungen ins Gehirn. Auf einer Videoaufzeichnung war zu sehen,

25 Quelle: STATISTIK AUSTRIA, Gerichtliche Kriminalstatistik 2012.
    Erstellt am 10. Oktober 2013.
26 Quelle: www.statista.com: Das Statistik-Portal: Jugendkriminalität.
    Tatverd. bei Gewaltverbrechen in Deutschland, 2012.

wie einer der Täter Anlauf nahm und gegen den Kopf des Rentners trat. Tötungsabsicht habe nicht bestanden, sagt der Verteidiger des Jugendlichen. Zudem habe der Rentner einen barschen Tonfall gehabt. Und schließlich tue es dem Jugendlichen „sehr leid"[27].

In so einem Fall wird der höchste Wert, den der Mensch besitzt, ich bin fast versucht zu sagen, besessen hatte, nämlich seine körperliche und seelisch-geistige Gesundheit, im wahrsten Sinne des Wortes mit Füßen getreten.

Es gibt natürlich nach wie vor den Passus, dass der „Angriff auf Leib und Leben" einen höchst sittenwidrigen und unmoralischen und in schwerwiegenden Fällen kriminellen Tatbestand erfüllt. Jedoch wird jede relevante Konsequenz durch eine sich auf Humanität berufende, ungleich wertende Gesetzesauslegung Lügen gestraft, indem sie die Täter mehr schützt als die Opfer.

Die daraus folgenden Gegebenheiten sind unverständlich und im Extremfall erschütternd, wie der im Vorwort dieses Buches schon erwähnte Fall jenes dreizehnjährigen Vergewaltigers belegt, der ein Jahr später ein diesmal zehnjähriges Mädchen in einer öffentlichen Toilette vergewaltigt haben soll[28] – es gilt die Unschuldsvermutung.

Da er bei der ersten Tat nicht strafmündig gewesen war, konnte er nicht zur Rechenschaft gezogen werden. Er blieb daher auf freiem Fuß und, man darf daraus schließen, auch in seiner gewohnten Umgebung. Allerdings wurde ihm ein Erziehungshelfer zur Seite gestellt, und es steht mir natürlich hier nicht an, die damit verbundenen Ausführungsbestimmungen zu beurteilen, aber man darf annehmen, dass die gesetzten Maßnahmen scheinbar nicht gefruchtet haben. Ob hier nach bestem Wissen, Gewissen und Können gehandelt

---

27 Frankfurter Allgemeine, 6. Oktober 2009.
28 Kleine Zeitung, 14. November 2014.

gende Formalismen" handelt, sondern um einen unverzichtbaren gemeinnützigen Stabilitätsfaktor, der der gegenwärtig ansteigenden Geringschätzung Menschen und Dingen gegenüber Einhalt gebieten könnte.

Ordnungen wie ein demokratisches Rechtssystem, die Sprache, die Gestalt einer auf die Bedürfnisse der Bewohner ausgerichteten Stadt, die Gliederung eines Tages, das gesittete Einnehmen einer Mahlzeit und grundlegende Formen der Höflichkeit möchte ich hier – wenn auch nur bruchstückhaft – ansprechen.

Ich kann mich nämlich zuweilen des Eindrucks nicht erwehren, dass grundlegend zivilisiertes Verhalten oder das Einfordern desselben immer öfter als anstößig empfunden wird. Da wird mit dem Handy bzw. Smartphone in Arztpraxen und Restaurants ungeniert telefoniert, da werden teilweise intime oder dem Datenschutz unterliegende Informationen lautstark allen anderen Anwesenden mitgeteilt, ohne Rücksicht, ob die daran interessiert sind oder nicht. Und sollten Sie glauben, wenn Sie die telefonierende Person darauf ansprechen, dass diese ihr Gespräch dann unterbricht oder gar beendet, dann haben Sie sich in den meisten Fällen getäuscht (Ausnahmen bestätigen natürlich den Regelfall). Nein, er oder sie sieht Sie an, als hätten Sie nicht alle Sinne beisammen.

Allerdings konnte ich in einer Arztpraxis beobachten, dass eine Patientin, die nach einem zehnminütigen Gespräch die Deutschschularbeit ihres Sohnes betreffend von der Sprechstundenhilfe höflich aufgefordert wurde, das Gespräch zu beenden, die Praxis mit folgenden (ihrer Gesprächspartnerin Gertrude zugewandten) Worten verließ: „Du, wart ein bisserl, ich geh raus, die da regt sich auf!"

Es kann Ihnen aber auch passieren, dass Sie in einem öffentlichen Verkehrsmittel in eine Halteschlaufe greifen und zu spät bemerken, dass Sie in Reste von Ketchup oder andere cremige

Speisereste greifen. Und es könnte sein, dass Sie einen Döner oder Hotdog essenden Jugendlichen dabei beobachten, wie er seine Finger an der Sitzbank reinigt, und wenn Sie ihn darauf ansprechen, im besten Fall einen mitleidigen Blick begleitet von einem leisen Schulterzucken als Antwort bekommen. Es könnte aber auch sein, dass Sie folgende Antwort bekommen: „Was geht Sie das an – gehört die Bank Ihnen?" Sie könnten aber auch jener Kundin begegnet sein, die im Supermarkt aus dem Kühlregal eine Packung Fischstäbchen nahm, es sich dann anders überlegte und diese nicht, wie man annehmen möchte, wieder dort deponierte, sondern ganz ungeniert in das für Frischgebäck vorgesehene Regal legte. Eine andere Kundin, die dies sah, sprach die Dame auf ihr Fehlverhalten an und bekam eine ganz klare Botschaft mit auf den Weg: „Kümmern Sie sich um Ihren eigenen […] – und wenn Ihnen das so wichtig ist, dann tragen Sie es selbst zurück!"

Ich habe die Erlebnisse und Beobachtungen, die ich im Rahmen von Gesprächen mit mehr oder minder betroffenen Personen erfahren durfte, natürlich nur exemplarisch wiedergegeben. Aber ich hoffe, ich konnte damit aufzeigen, dass es gegenwärtig bei bestimmten Zeitgenossen unschicklich (im Sinne von unzeitgemäß) sein kann, jene Verhaltensweisen einzufordern, die getragen sind von Verantwortung, gepflegten Umgangsformen, Respekt und Höflichkeit und die man bis dato unter dem Begriff „zivilisiertes Benehmen" subsumiert hatte.

Ich denke, wir müssten uns wieder jene grundlegende anthropologische Erkenntnis bewusst vor Augen führen, dass unserer Entfaltung bzw. Menschwerdung zwei entscheidende Entwicklungen vorangegangen sind, die bekanntermaßen ja auch noch andauern: zum einen die Evolution, also die Anpassung des Menschen an seine jeweiligen Umweltbedingungen